京アニを読む

野村幸一郎

新典社新書 69

目次

目次

イラスト 西造

はじめに

近代文学の終焉ということが言われればじめて、かれこれ一〇年近く経つのではないだろうか。僕は今、五一歳だが、振り返ってみると今から三〇年前、多感な青春時代にあって、人はいかに生きるべきか、とか、正しい人生の姿はどのようなものか、とか、そんなことをそれなりに考えていたような気がする。さすがに、戦前の旧制高校生のように西田幾多郎や阿部次郎は読まなかったが（大学に入ってから試しに読んでみたが、何が書いてあるのかさっぱりわからなかった）、白樺派や夏目漱石や太宰治は、文字通り人生の先生で、『こころ』や『人間失格』なんかを読みながら、人生に希望を持とうとしたり、人間に絶望したり、過剰な自意識の中で存在の不安におびえたりしていた。今思うと、とても恥ずかしいが、「思想や文学にかぶれる」というのは、おおざっぱに言えば、思春期、青年期にあってこんな体験を持つことを意味するのではないかと思う。

ところで、僕が大学三回生の年、村上春樹の『ノルウェイの森』や吉本ばななの『キッチン』が記録的なベストセラーになった。熱心なファンであろうがなかろうが、とりあえず、みんなこれらの内、どちらかには目を通していたような気がする。そして、文学青年たちはだいたい春樹やばななを馬鹿にしていた。「あんなものはマンガと同じだ」、「通俗小説」、「売れりゃあいいのか」などなど、教養主義的な雰囲気の中で文学青年たちは口をそろえて悪口を言っていた。正確に言えばその頃周囲には、「馬鹿にしておかないと自分が馬鹿だと思われる」空気が漂っていた。

では現在はどうか。三〇年前、（差別的な意味での）「マンガ」と馬鹿にされていた村上春樹は今や日本を代表する「純文学」作家になってしまい、ノーベル文学賞候補の常連と目されるようになった。今、村上春樹を「あれはマンガだ」と馬鹿にする人間はいない。「村上春樹を馬鹿にすると馬鹿だと思われる」ことをみんな知っているからだ。

それはともかく、このような村上春樹の「大化け」は私たちを一つの仮説へと導くことになる。それは「今はマンガのように見えている物語もひょっとしたら二〇年後、大化け、とまではいかないにしても小化けくらいはするのではないか」という仮説だ。

僕がこんなことを考えはじめたのは、ライト・ノベルやライト・ノベルを原作としているアニメーションやマンガ（あるいは、マンガやアニメーション、ゲームをノベライズしたライト・ノベル）が、今、若い人たちの間で圧倒的な支持を集めている事実に気づいたからである。現在もたしかに少年少女の間では物語の消費は続いている。しかし、そこで消費される物語は、けっしてドストエフスキーやトルストイではない。圧倒的に多いのが、マンガやアニメであり、活字に限っても、児童文学やライト・ノベル（いわゆるラノベ）、ボーイズ・ラブ（いわゆるBL）なのだ。

そして、少年少女たちは確実にマンガやアニメ、ラノベ、BLから、愛や友情、人生の価値などを学んでいる。彼ら彼女らも当然、エンターテインメントとして物語を受容しているのは間違いないのだが、その物語からなんらかの人生論的なメッセージを受けとっていることもたしかである（その典型が『新世紀エヴァンゲリオン』ブーム）。

中高年以上の世代から見れば、「おいおい、マンガから人生を教えてもらうなよ」という気もするが、よく考えてみればこんな現象は昔からあった。何十年も前から大学周辺の食堂や喫茶店にはマンガが大量に積まれていたし、ハイジャック犯が「われわれはあしたのジョーだ」みたいな声明を出すことすらあった。ただ昔は本当はマンガが好きだけど「大学生のくせに」と馬鹿にされそうで、すこし後ろめたいところがあった。逆から言えば、今日の現象は、昔と比べて、大学生がマンガを読んでいても恥ずかしいと感じる必要がなくなった結果として、理解すべきだろう。少年少女たちは、マンガやアニメ、ラノベを、エンターテインメントとして受容すると同時に、自分なりの人生観を獲得するための糧として、受容している。とするならば、そこには、村上春樹のような「大化け」ではないにしても、「小化け」の可能性くらいは、ひょっとしたらあるかもしれない。

いまでも若い人たちは、やはり文字どおりの意味での青春の読書を営々と営んでいる。ただそう見えないのは、一般的な意味での「教養」の圏外にあるメディア（つまりマンガやアニメ）を媒介にして物語を受容したり、活字メディアであっても「教養」の範囲からは逸脱した物語ジャンル（ラノベやＢＬ）を通じて、人生観や世界観を学んでいるからである。たしかにもし僕が今、大学のキャンパスでドストエフスキーの『カラマーゾフの兄弟』や埴谷雄高の『死霊』を熱心に読んでいる若者に出会ったとしたら、いろいろな意味で驚くと思う。

さて、本書の目的は、現在、中高生を中心に若者の間で圧倒的な支持を集めるアニメ制作会社、京都アニメーション（通称、京アニ）の作品群を分析の対象とし、思春期の中にある現在の少年少女の内面を、考えていくところにある。

京都アニメーションは、虫プロダクションでアニメーションの仕上げを担当していた八田陽子が一九八一年、京都で立ち上げたアニメ制作の下請けグループが母胎になっている。正式に制作会社として成立したのは一九八五年のことである。

元請け作品は二〇〇三年から手がけはじめ、二〇〇六年に『涼宮ハルヒの憂鬱』が爆発的なヒットとなり、京アニの名は一躍、世間に広く知られるようになった。日本には様々なアニメ制作会社があるが、今や京アニは、「深夜枠の萌え系アニメ」の制作会社としては、人気、知名度、技術力どれをとっても頂点に位置していることはまちがいない。たとえば、WEBにおけるアニメについての情報サイトを見ても、「観ないと人生損をするアニメランキング」(二〇一二・六・二四)では、一位の『CLANNAD―クラナド―』、五位の『けいおん!』、一二位の『涼宮ハルヒの憂鬱』、一三位の『日常』と、上位二〇作品の内の四作品が京アニによって制作されている。また同じくアニメの情報サイト「アニメポスト」上での「人気アニメランキング」でも二〇一六年七月現在、一位に『CLANNAD―クラナド―』、三位に『けいおん!』、一〇位に『涼宮ハルヒ』が登場しており、上位一〇作品の内の三作品が、京アニ作品によって占められている。また、「京アニ」をキーワードにして検索してみても、「日本のTVアニメの最高到達点」「京アニクオリティ」などなど、その技術力の高さを評価する書き込みは多い。いずれにせよ、肌感覚として言えば、深夜アニメのトップ・ブランドとして京アニは大きな存在感を放っている。

京アニ作品の作風について、おおまかに言えば、ファンタジー系と日常系の二種類に分けることができる。正確に言えば、この両極の間でそれぞれの作品が独自の位置を占めている。

たとえば、ファンタジーの系譜に属する物語としては、『境界の彼方』『甘城ブリリアントパーク』『無彩限のファントム・ワールド』の名をあげることができるだろう。思春期の中高生の日常を描いた物語としては、『けいおん！』『中二病でも恋がしたい！』『たまこまーけっと』『Free!』『響け！ ユーフォニアム』をあげることができる。

『CLANNAD―クラナド―』は青春期の中にある等身大の若者を描きながらも、II期の冒頭に毎回、登場する少女とロボットのエピソードにはファンタジーの要素が多分に取り入れられている。なので、ファンタジーにやや寄った日常系と言ってもよいかもしれない。反対に『涼宮ハルヒの憂鬱』は未来人や宇宙人、超能力者が登場しながらも、思春期の少女の鬱屈した内面も描かれており、ファンタジーと日常系の中間あたりに位置していると言える。

本書ではこれら京アニ作品の内、思春期の中にある少年少女の心の揺れをていねいに描いている六作品、『涼宮ハルヒの憂鬱』(原作　谷川流、監督　石原立也)、『CLANNAD―クラナド―』(原作　key／ビジュアルアーツ、監督　石原立也)、『けいおん!』(原作　かきふらい、監督　山田尚子)、『Free!』(原案　おおじこうじ、監督　内海紘子)、『中二病でも恋がしたい!』(原作　虎虎、監督　石原立也)、『響け!　ユーフォニアム』(原作　武野綾乃、監督　石原立也)を考えていく。それを通じて、いまどきの少年少女が、登場人物に等身大の自分を見たり、成長のロールモデルを発見していく物語受容のすがたを照射していくとともに、その向こう側に透けて見える彼ら彼女らの心象風景を明らかにしていくつもりである。

なお、本書におけるセリフの引用はすべて、僕が作品から聞き取り、原作を参照しつつ文章化したものである。細心の注意を払ったつもりだが、以上のような成立の経緯からして、不完全な表記を内包している可能性は否定できない。お許しいただければと思う。

I　思春期のゆくえ

『涼宮ハルヒの憂鬱』

涼宮ハルヒはなぜ憂鬱なのか

谷川流『涼宮ハルヒの憂鬱』は二〇〇三年六月、スニーカー大賞第八回受賞作として、角川スニーカー文庫から出版された。京アニによってアニメ作品が制作されたのは、受賞から三年後、二〇〇六年四月である。アニメ版を見てみると、セリフの細部については変更の跡を確認できるものの、キャラクター設定、ストーリーについては、ほぼ原作に忠実に制作されていることがわかる。

さて、この作品のタイトルであるが、『涼宮ハルヒの憂鬱』という言葉を文字通りに受けとれば、いつも憂鬱を抱えている少女、涼宮ハルヒが主人公の物語というような印象を受けるが、実際には、彼女のキャラクターはあまりにもわがままで、アクティヴであって、タイトルから連想されるイメージとはかなり異なる。どちらかというと、「内なる力のはけ口を見つけられないがゆえに、いつも不機嫌そうにしている少女」と言った方が彼女のイメージに近い。

それはともかく、これまで原作を論じた批評でも、しばしば彼女の「憂鬱」が何に由来するのかという問題をめぐって、さまざまな解釈が試みられてきた。たとえば、稲葉振一郎の「思春期のある種の若者によくみられる、万能感と劣等感の両極に引き裂かれた(今風に言えば「自意識をこじらせた」)ありさまをうまくメタファー化している」という指摘[1]や、上田麻由子の「ここには、知らず知らずのうちに社会的に意味づけられていく思春期の少女の生き辛さが表されている」、「この作品で行われているのは涼宮ハルヒという『憂鬱な思春期の少女』という概念の消費だ[2]」などがそれである。これらの指摘はアニメ版にも当てはまる。

原作でもアニメ版でも物語前半には涼宮ハルヒの憂鬱な様子がいたるところに描かれている。たとえば、この物語の語り手である男子高校生、キョンがハルヒに向かって「一人くらいまともに付き合おうとか思うやつがいなかったのか」と語りかける場面がある(アニメ版二〇〇六年放映Ⅰ期二話、二〇〇九年放映Ⅱ期一話)。恋愛をしたら、色あせた日常も、艶やかな色彩を取り戻し、価値あるものへと変貌するのではないかというのが、キョンの提案である。

そして、二人は次のような会話を交わす。

(ハルヒ)「全然ダメ」、「どいつもこいつもアホらしいほどまともな奴だったわ」
(キョン)「そりゃ普通そうだろう」
(ハルヒ)「告白がほとんど電話だったのは何なのあれ。こういう大事なことは面と向かって言いなさいよ」、「問題はね、下らない男しかこの世には存在しないのかどうなのかってことなのよ」、「ほんと中学時代はずっとイライラしっぱなしだった」
(キョン)「じゃどんな男ならよかったんだ。やっぱり宇宙人か?」
(ハルヒ)「宇宙人もしくはそれに準じる何かねえ。とにかく普通の人間でなければ男だろうが女だろうが」

（キョン）「どうしてそんなに人間以外の存在にこだわるんだ？」
（ハルヒ）「そっちの方がおもしろいじゃないの」

もはやわかると思うが、彼女が憂鬱を抱える対象は彼女の人生そのもの、その平凡な日常なのである。たとえば、日曜日にデートに出かけ、遊園地や映画館に行き、お昼はファーストフード、といったような、どこにでもある普通の営みが彼女には我慢ならないのだ。

このようなハルヒのイライラについて注意深く眺めてみると、彼女が自分の人生を他人との比較の上で価値判断している事実に気づく。マルクスに引きつけて言えば、彼女は自分の人生を「使用価値」においてではなく、「交換価値」において見ようとしている。彼女は遊園地そのもの、映画そのものを詰まらないと言っているのではない。ほかの恋人たちのデートとまったく同じであることを指して「アホらしいほどまとも」と吐き捨てるように言っている。逆から言えば、彼女にとって価値ある人生とは、この場合なら価値あるデートとは、たとえば、宇宙人と遊びに行くといったような、特別な体験としてのみ存在することになる。ハルヒは、他の誰かの人生との差異において自分の人生を価値づけようとしているのだ。

ところで、涼宮ハルヒが憂鬱を抱えるにいたったのは、小学校六年生の時、野球場に行ったことをきっかけとしている（I期一一話、II期五話）。野球場をびっしり埋め尽くす、見渡す限りの観客を目の前にしたハルヒは、野球場には何人くらいの人間がいるのか？と父親に向かって質問してみる。父親の答えはだいたい五万人くらい、というものだった。その時ハルヒは、「自分がこの地球でどれだけちっぽけな存在なのか自覚」することになったという。日本の人口がだいたい一億人として野球場に集まったのは五万人だからその二千分の一、自分はその五万人の中の一人ということになる。その事実に気がついたハルヒは今までの人生観が根底から崩れ去るような衝撃を受けることになる。次のハルヒのセリフがそのような彼女の内面をはっきりと伝えている（I期一一話、II期五話）。

それまであたしは自分がどこか特別な人間のように思ってた。家族といるのも楽しかったし、なによりも自分の通う学校の自分のクラスは世界のどこよりも面白い人間が集まっていると思ってたのよ。でも、そうじゃないんだって、その時気づいた。あたしが世界で一番楽しいと思っているクラスの出来事も、こんなの日本のどこの学校でもありふれたのでしかないんだ。日本全国のすべての人間から見たら普通の出来事でしかない。そう気づいた時、あたしは急にあたしの周りの世界が色あせたみたいに感じた。夜、歯を磨いて寝るのも、朝起きて朝ご飯を食べるのも、どこにでもある、みんながみんなやってる普通の日常なんだと思うと、途端に何もかもがつまらなくなった。

子どもの住む世界は、当たり前のことだが、大人の住む世界よりも狭い。私たちがひさびさに自分の生まれ故郷に帰ると、「こんなに狭かったかな?」と驚かされることがしばしばある。逆から言えば、子どもの頃、近所の公園や路地はおおげさでなく、一つの宇宙あるいは世界だった。したがって、すべての子どもにとって、自分の世界は唯一無二の価値ある場所となり、そこで遊ぶ体験も子どもにとっては絶対的な価値のあるもののように感じられることになる。子どもが自分たちの生活空間を実際以上に広く感じるのは、ここに起因する。

なぜ涼宮ハルヒは憂鬱なのか。私たちが大人になるとは、今まで信じていた世界観なり人生観、自己意識を解体し、現実に即した新しい考え方なり関係性を再構築していくことを意味する。これをハルヒの内面に即して言うならば、今まで特別なものに感じていた場所も人生も、誰もが共有しうるような平凡でありふれたものにすぎなかったことを、新たな人生観、世界観として受けいれることを意味することになる。

自分が所属する集団なり自分の人生なりの小ささを実感するとは、大人になるにつれて世界に対する視野が広がり、他の集団なり他人の人生なりと自分の世界や人生を俯瞰的に眺める視野を獲得することでもある。その時、人は自分の住んでいる世界、そして自分の人生そのものを相対化して眺めることになる。自分の世界や自分の人生は、自分にとってはかけがえのないものだが、客観的に見れば、他人の住む世界や他人が生きる人生とは大差がない。すべての他人の人生を超越してあるような「特別」な価値など存在しない。

ハルヒはその事実に気づきながらも、自分の人生があるいは自分の住む世界が「特別」なものでないことを認めることができない。ここに平凡な実人生と彼女が求めるものとの間のギャップが生まれ、憂鬱が形成されることになる。

そして、ハルヒの選んだ道は、ふたたび彼女の人生を「特別」なものとして再構築することであった。世の中にはたくさんの人が自分の人生を生きている、その中には普通じゃない人生、面白い人生を生きている人もいるはずである。「それがあたしじゃないのはなぜ?」、そう考えた彼女は、人生の「特別」な価値を手に入れるために自ら行動を起こすことを決意する。高校入学時の自己紹介で「東中出身、涼宮ハルヒ」、「ただの人間には興味ありません。この中に宇宙人、未来人、異世界人、超能力者がいたらあたしのところに来なさい。以上」とクラスメイトに語ったハルヒが、SOS団(世界を大いに盛り上げるための涼宮ハルヒの団)を結成するにいたるのは、このような経緯による。

物語に描かれた「ＳＯＳ団結団に伴う所信表明」は次のようなものである（I期二話、II期一話）。

わがＳＯＳ団はこの世の不思議を広く募集しています。過去に不思議な経験をしたことのある人、今現在とても不思議な現象に直面している人、遠からず不思議な体験をする予定の人、そういう人がいたら我々に相談するとよいです。たちどころに解決に導きます。確実です。ただし普通の不思議さではダメです。我々が驚くまでに不思議なコトじゃないといけません。注意して下さい。メールアドレスは…

ハルヒの憂鬱は他人と似たり寄ったりの人生しか生きることができない自分の人生のつまらなさに気がついてしまったことに起因している。だから、彼女にとって憂鬱から救済されることとは、他人とは共有できないような、言い換えれば、脱社会的な特別な体験をすること、そのことによってほかの人びとの人生からは超越してあるような価値ある人生を生きることを意味していた。だから彼女は宇宙人や未来人、超能力者と出会わなければならず、不思議な体験を求めざるをえなかったわけである。

セカイ系との距離

ところで、従来の批評において、『涼宮ハルヒの憂鬱』は、しばしばセカイ系というキーワードとともに語られてきた。セカイ系という言葉自身はさまざまな使われ方がなされており、一概に定義することは難しいが、前島賢の整理を手がかりにするならば、一般的には、①少年と少女の恋愛が国家や社会などの中間項を挟むことなく、世界の危機、この世の終わりなど、世界の運命に直結している物語、②社会や国家をとばして、語り手の了見や自意識の及ぶ範囲を世界そのものと捉えるようなオタク作品、③過剰な自意識を抱える視点人物による一人称語りが採用されている作品、などの定義が与えられている[3]（この内、前島は③をもって正しい定義としている）。

　さて、その前島は『涼宮ハルヒの憂鬱』について、『新世紀エヴァンゲリオン』がもたらしたパラダイム・シフトの中で理解しようとしている。前島によれば、『新世紀エヴァンゲリオン』は「萌え」と「セカイ系」という二つの主題系をサブ・カルチャーの世界にもたらした。『涼宮ハルヒの憂鬱』が『エヴァンゲリオン』登場以降、最大のヒット作となったのも、これらの主題の統合に成功したからである、ということになる。また、前島はこの物語のセカイ系的要素を、「主人公、キョンの過剰なまでの饒舌な一人称で語られた、『ここではないどこかへ行きたい』という普遍的な思春期の悩みを主題とした物語」である点に求めている。[4]

　それはともかく、前島によって整理されたこれら①から③の定義に照らしてみて、あらためて『涼宮ハルヒの憂鬱』のどのあたりが、セカイ系という定義と通じているのか、確認していくことにしよう。ハルヒ自身はその事実に気づいていないが、彼女が結成したSOS団には彼女が出会いたいと強く望んでいた宇宙人や未来人、超能力者がすでに集合している。そして、SOS団に参加しながら唯一、普通の人間として設定されているのが、この物語の語り手、キョンであった。

まずは、宇宙人、長門有希から見ていくと、彼女は物語の中でキョンに対して自分のことを、「この銀河を統括する情報統合思念体によって造られた対有機生命体コンタクト用ヒューマノイド・インターフェース。それが、わたし。通俗的な用語を使用すると宇宙人に該当する存在」（Ⅰ期三話、Ⅱ期二話）、「私の仕事は涼宮ハルヒを観察して、入手した情報を統合思念体に報告すること」と説明している（Ⅰ期五話、Ⅱ期三話）。一読すると何のことやらわからないのだが、かみ砕いて言うと、宇宙には生命を宿した「情報」が存在しており、その「情報統合思念体」は銀河を統括している。もちろん情報は物質的な意味での量的な存在形態をとらないから、本来ならば触ることも、目に見ることもできない。そこで「情報統合思念体」は量的存在、つまり肉体を持った、触ったり見たりすることのできる存在を作り上げ、地球に送り込むことになった。それが長門有希である、ということになる。だから、正確には長門有希は宇宙人という設定であるわけでもない。「対有機生命体コンタクト用ヒューマノイド・インターフェース」というくらいだから、質量を持たない地球外生命体が、地球に送り込んだ人型の人工知能のようなものなのだろう。だから、この物語で描かれる長門有希の姿は喜怒哀楽を伴わない、きわめて合理的で機械的なコミュニケーション機能の持ち主として描かれている。

ちなみに、前島は長門有希の人物像に、「萌え」という『エヴァンゲリオン』の流れを汲むもう一つの主題系を指摘して、「あきらかに『エヴァ』の綾波レイの系譜を受け継ぐ存在だ」と論じている。[5] たしかに、『エヴァンゲリオン』に登場する綾波レイと、長門有希は、二人とも感情の起伏を見せない無機質な性格を共有しており、前島の指摘は的を射ていると思われる。

また、綾波レイや長門有希が体現する空虚さ、存在の無根拠性が「萌え」に直結している点については、おそらく他我と出会うことを忌避するような思春期の心性と表裏の関係にある。涼宮ハルヒのような葛藤を抱える少女は、綾波レイや長門有希と比べて、「萌え」の対象にはなりにくいのではないか。ハルヒの内面は激しい振幅としてあり、もし彼女に近づけば、周囲の者もその葛藤に巻き込まれ、時には傷つくこともありうる。そうなっては「萌え」どころの騒ぎではなくなる。生身の他者との出会い、自我と他我との対立や衝突が想起される世界がそこには予想されるからだ。そう考えてみると、斎藤環が言うように[6]、綾波レイや長門有希に「萌え」を感じるという心性には、本来は生身の肉体を対象とするはずの欲望が、空虚さや存在の無根拠性によって喚起されるという逆説が内包されているように思われる。とするなら、あるいはここに、いわゆるピグマリオン・コンプレックスとの親和性を指摘することも可能かもしれない。

話を元に戻そう。物語では、なぜ「情報統合思念体」なる地球外生命体が、長門有希を地球に送り込まなければならなかったのかが、彼女の口を通じて説明されている（I期五話、II期三話）。しかし、その説明も難解すぎてよくわからないのだが、かみ砕いて言えば、おおよそこんなことになる。「情報統合思念体」は発生の段階から完全なかたちで存在していた。宇宙の統括者なのだからそれは神に近い存在で、神は完全な存在なのだから、不完全から完全へと進化することはありえない。ところが三年前のある日、「情報統合思念体」は異常な情報爆発を観測する。長門によれば、世界は情報によって構築されていることになるわけだが、三年前に観測されたビッグ・バン（「情報爆発」）において、その中心に涼宮ハルヒがいたと言うのだ。ということは、涼宮ハルヒはあらゆる情報を統御する能力、言いかえれば、「自分の都合の良いように周囲の環境を操作する力」を持っていることになる。長門有希はそのような涼宮ハルヒを近くで観察するために地球に送り込まれることになった。

同じような説明は未来人、朝比奈みくるによっても語られている（I期五話、II期三話）。未来人たちはある日、時間の帯の中に大きな断層が生じたことを確認する。時間軸に亀裂が走ると言われてもぴんと来ないが、かみ砕いて言えば、「現在」は過去からの連続体として形成されており、いつも過去を前提として成立しているはずなのだが、断層が生じることでそれ以上、過去にさかのぼることができない状況が発生した、ということになる。それが物語内時間における「現在」から三年前のことであり、断層の中心にいたのが涼宮ハルヒだった。そして、長門有希と同じく、朝比奈みくるもハルヒを監視するために未来から派遣されてきたのだった。

さらに物語では、超能力者、古泉一樹が、長門有希や朝比奈みくるの説明を包括するような仮説を、キョンにむかって語っている（I期五話、II期三話）。古泉ら超能力者たちは、自分たちが住むこの世界そのものが、「情報統合思念体」が情報爆発を観測し、未来人が時間断層の発生を観測したのと同じ年、三年前に始まったのではないかという仮説を立てているというのだ。言いかえるならば、彼らはこの世界そのものが涼宮ハルヒの主観的宇宙であって、彼女が見ている夢のようなものなのではないかと考えているということになる。長門有希の説明にもあったように、夢である以上は、涼宮ハルヒはこの世界を自由に創造することも、作り直すこともできる。つまり涼宮ハルヒは世界の造物主、神なのかもしれない、というのである。したがって、宇宙人の長門有希も、未来人の朝比奈みくるも、超能力者の古泉一樹も、涼宮ハルヒが出会いたいと願った結果としてこの世界に生み出された夢の一部であることになる。

世界は涼宮ハルヒの思い通りに作り上げられており、彼女が望めば、世界はまったく別の形に作り直されてしまう可能性すらある。このような、長門有希や朝比奈みくる、古泉一樹の説明から浮かび上がってくる世界像は、たしかにセカイ系と言われる物語の特徴と重なる。県立高校の一角で繰り広げられる涼宮ハルヒという奇妙な少女の言動がそのまま世界の成り立ちや人類の将来と連動しており、それどころか世界そのものが彼女の夢のかけらにすぎないというのだから、微小な自我と広大無辺の宇宙がいともたやすく一体化してしまっているような印象を、私たちは受ける。そして、夢が移ろいやすく不確かな存在である以上、世界も私たち自身もそうであるほかない、というようなリアリティーが剝奪された宙づりの世界に、私たちは連れ出されていくことになる。

ただし『涼宮ハルヒの憂鬱』は、このようなセカイ系的性格からは明らかに逸脱してしまっている正反対の要素も内包している。とりあえず、古泉の説明をそのまま受けいれるならば、ハルヒはすでに彼女が望んだ、他人とは共有しえないような特別な人生を実現していることになり、憂鬱になる原因はすでに解決されていることになるわけだが、にもかかわらずキョンと古泉は、次のような会話を交わしている（I期一三話、II期五話）。

（古泉）「覚えてますか？　世界は涼宮ハルヒさんによって作られたかもしれないと言ったこと」、「涼宮さんは宇宙人はいるにちがいない、そうであってほしいと願った。だから長門有希がいる。同様に未来人もいてほしいと思った。だから朝比奈みくるがここにいる。そして僕も。彼女に願われたからという、ただそれだけの理由でここにいるんですよ」

（キョン）「ハルヒが望んでお前たちがいるなら、なぜハルヒ自身はそのことに気づいてないんだ。おかしいだろ」

（古泉）「宇宙人や未来人や超能力者が存在してほしいという願望とそんなものはいるはずはないという常識論が涼宮さんの中でせめぎ合っているのですよ。彼女の言動はたしかにエキセントリックです。しかしその実、涼宮さんはまともな思考を持つ一般的な人種なんですよ」

涼宮ハルヒの憂鬱が、世界が平凡であること、特別なものでないことに起因していたことはすでに確認した。しかし、もし仮に、彼女が本気で宇宙人や未来人、超能力者が存在すると信じることができれば、そもそも憂鬱になる必要はない。世界は無味乾燥で平凡で無意味なものだという絶望的な確信と、そうはあってほしくないという強い願望との間の振幅として、彼女の内面は形成されているのだ。この振幅が彼女に死角をもたらす、というのが古泉の説明である。世界は平凡であるという確信が、ごく身近にあるような「特別」

な人生に対する死角を生みだし、ハルヒは宇宙人や未来人、超能力者との遭遇に気づくことができないでいる、と古泉は言うのである。

この設定には主観と客観との奇妙な転倒が形成されている。世界は涼宮ハルヒの夢であるというのがこの物語の設定であるにもかかわらず、世界の造物主であるハルヒ自身は、自分の住む世界が常識と物理法則によって支配された無意味で平凡な客観世界であると信じている。一方、キョンや長門有希、朝比奈みくる、古泉一樹は、この世界が涼宮ハルヒの夢、主観的宇宙にすぎないことに気づいている。この「気づき」が世界理解の上での、ハルヒに対する彼らの優位性を保証しているわけだが、しかし、優位なのは認識上に限定されており、世界はこれからどうなるのかという点に関しては、自らが世界の創造主であることに気づいていない涼宮ハルヒの側に決定権が与えられている。

ここにはセカイ系の定義から逸脱するような涼宮ハルヒの姿を確認することができる。世界は涼宮ハルヒの願望によって運営されている。次節で詳しく論じていくつもりだが、そのようなハルヒと語り手キョンとの関係は世界の未来と直接的に連動している。ここにもセカイ系の特徴を指摘することができるのだが、しかし、もう一方で彼女は古泉の言葉にあるように、世界は自分の思い通りには運行されていないと信じており、むしろあまりの平凡さに絶望すらしているのだ。

キョンの語り――個性と没個性の転倒

　ここまで見てきたように、『涼宮ハルヒの憂鬱』は宇宙人、未来人、超能力者を登場させ、きわめつけとして、宇宙の創造主かもしれない女子高生を主人公として登場させるという、きわめて荒唐無稽な、（いい意味で）無茶な設定がなされているわけだが、この物語にはたった一人だけ例外的存在が登場している。それが、語り手のキョンである。古泉の説明を信じるならば、キョンもまた涼宮ハルヒの願望を実現するかたちで、この世に登場しているはずなのだが、それにしては、あまりにもキョンは平凡であり常識的でありすぎる。

もともとキョン自身も、宇宙人や未来人、幽霊、特撮ヒーローたちがこの世に存在することを強く望んでいた。日常があまりにも平凡で退屈であることに飽き飽きしていたからだ。しかし中学校を卒業する頃には、アニメや特撮の世界からは卒業して、この世界が普通であることを抵抗なく受けいれることができるようになっていた（I期二話、II期一話）。『涼宮ハルヒの憂鬱』はこのような常識人、キョンの視点から語られており、したがって特別な人生をすでに見切っているキョンの考え方なり感性なりを価値軸として、涼宮ハルヒの言動や彼女が引き起こす様々な事件が、解析され評価されていくことになる。

たとえば、物語の冒頭近くには、ハルヒが「あー、もう、つまんない！　どうしてこの学校にはもっとマシな部活動がないの？」と不満を爆発させるエピソードが登場している。この言葉を耳にしたキョンは、「ないもんはしょうがないだろ」、「結局のところ、人間はそこにあるもので満足しなければならないのさ」とハルヒを諭すことになる（I期二話、II期I話）。超能力とか幽霊や宇宙人との遭遇のような特殊な出来事がそうそうあってはかなわない、自分たちの平穏無事な人生が掻き乱されるのはごめんだ、というのがキョンの人生観である。一言で言うならば、リアルな人生と折り合いをつけることに成功し、特別なことのない、無意味で平凡な日常を、自分の人生、自分が生きる世界として受けいれるまでに「成熟」することに成功した人物が、語り手、キョンなのである。だから、この物語の世界はその荒唐無稽な設定やストーリーとは裏腹に、あるいは、それと表裏をなすかたちで、物語に登場する様々な事件やキャラクターの異常性が、常識人キョンによって、たえず否定的に捉えなおされていくことになる。

このようなキョンの語りは、宇宙人や未来人などSF的、あるいはファンタジー的な物語世界を掻き乱すノイズのようにも感じる。しかし、それよりも注意すべきなのは、異世界人や未来人との邂逅といった「特別」な人生を生きることを願っている涼宮ハルヒが、なぜ彼女の人生観とはまったく正反対の志向性を持つキョンを、SOS団のメンバーとして迎え入れたのかという点である。古泉がキョンに向かって「一番の謎はあなたなんです。失礼ながら、あなたについては色々調べさせてもらいましたが、保証します。あなたは普通の人間です」と言うとおりである（Ⅰ期五話、Ⅱ期三話）。

『涼宮ハルヒの憂鬱』の世界では何の特別な才能も能力も出自も持たないことが、逆説的に、キョンという存在の際立った個性を形成している。涼宮ハルヒが望む「特別」な世界の姿から言えば本来、キョンはこの世に存在することすら許されないはずだ。にもかかわらず、キョンはハルヒのもっとも身近なクラスメイトとして存在している。その不可解さが、長門有希や古泉一樹の脳裏に、ある憶測を生むことになる。長門有希の「あなたは涼宮ハルヒに選ばれた。涼宮ハルヒは意識的にしろ無意識的にしろ、自分の意志を絶対的な情報として環境に影響を及ぼす。あなたが選ばれたのは必ず理由がある」、「あなたと涼宮ハルヒが、すべての可能性を握っている」という言葉の通りである（Ⅰ期五話、Ⅱ期三話）。

そして、ハルヒが志向する世界の唯一の例外的存在、没個性で平凡な常識家という「際立った」個性の持ち主であるキョンが、実は世界を破滅から救済する鍵だったことが、やがて明らかにされることになる。

日常の発見

　古泉一樹は以前からある不安を抱えていた。涼宮ハルヒによって世界が創造されたとするならば、彼女がこの世界を面白くないものだと判断した場合、今までの世界を無かったことにして、彼女が望む世界を一から作り直しはじめるのではないか、もしそうなれば、世界の終わりが訪れることになる、という不安である。

　そして、ついにある日、それは現実のものになる。ハルヒは何も特別なことが起こらない平凡な現実世界に愛想を尽かし、本人も無自覚なまま、今までの現実とはまったく異なる時間軸空間軸にパラレル・ワールドを創造して、彼女が望む「特別」な人生を、その世界で実現しようとしはじめたのである。

　ところが、ハルヒが創造したもう一つの世界は、ある不可解な謎を抱いていた。ハルヒはその新しい世界に、キョンだけを連れていったのである。そのあたりの事情を古泉はキョンに向かって、「とうとう涼宮さんは現実世界に愛想を尽かして、新しい世界を創造することに決めたようです。つまり世界の危機ですね」、「あなたは涼宮さんに選ばれたんですよ。こちらの世界から唯一、涼宮さんが共にいたいと思ったのがあなたです」と説明している（Ⅰ期一四話、Ⅱ期六話）。

しかしキョンは、なんとかハルヒと一緒にこのパラレル・ワールドから脱出してもとの日常へと帰還しようとし、「俺は戻りたい」、「こんな状態に置かれて発見したよ。俺はなんだかんだ言いながら今までの暮しがけっこう好きだったんだ」、「俺は連中ともう一度会いたい。まだ話すことがいっぱい残っている気がするんだ」、「元の世界のあいつらに、俺は会いたいんだよ」と、ハルヒの説得を試みる（Ⅰ期一四話、Ⅱ期六話）。そして、朝比奈みくるや長門有希からもらった「白雪姫」、「sleeping beauty」というヒントを手がかりにして、キョンは元の世界に帰還する方法を思いつく。二つの物語がどちらも王子様のキスで目ざめるお姫様の話であることに気づいたキョンは、「俺、実はポニーテール萌えなんだ」、「いつだったかお前のポニーテールは反則なまでに似合っていたぞ」と前置きをしてから、強引にハルヒにキスをする。結果、キョンとハルヒは元の世界へと帰ることができた。学校に登校してみると、窓際、一番後ろの席に、ハルヒはすでに座っていた。頬杖をつき、外を見ているハルヒは、ちょんまげみたいに突きだした、やや無理のあるポニーテールを結っていた。窓の外から視線を外さないハルヒに向かって、キョンが「似合ってるぞ」と声を掛けて、このエピソードは終わる。

彼女の望んだ世界の論理からすれば、キョンは逆のベクトルを志向する不協和音に過ぎない。にもかかわらず、ハルヒはそのキョンだけをともなって、新しい世界で「特別」な人生を生きようとし、結果としてそのキョンに連れ戻されるかたちで、ハルヒのもくろみは挫折することになった。本当にハルヒが「特別」な人生を生きるためにパラレル・ワールドを創造したのであれば、常識や現実を盾にしていつも彼女の言動を否定するキョンを連れて行った理由が説明できない。

なぜ、ハルヒはキョンをパラレル・ワールドに連れて行かなければならなかったのか。ここであらためて想起したいのが、彼女の憂鬱な内面のありようである。思春期にある少女の鬱々とした内面の陰画として描かれている涼宮ハルヒの心性は、二つの考え方なり観念なりによって引き裂かれるかたちで形成されている。二つの極の間での振幅として成立していると言ってもよい。一方の軸は、つまらない日常を否定して、「特別」な人生を送りたいという願望。もう一方の軸は、そんな人生を望むことなんかできるはずもなく、常識と平凡が支配する現実と折り合いをつけ、受けいれるしかないというリアルな感覚である。そして、古泉が言うように、世界が涼宮ハルヒによって創造されたとするならば、その一部であるキョンは、ハルヒが抱える後者の感覚、人生観なり世界観を別の人格として独立させた存在であることになる。

とするならば、ハルヒがパラレル・ワールドにキョンをともなって参加しようとしたというエピソードは、「特別」な人生に憧れ、成熟を拒む人生態度（パラレル・ワールドはそれが実現された世界の姿）と、平凡な日常を自分の人生として受けいれる人生態度（キョンはその人格化）の両極の間にあって、最終的に何らかの折り合いをつけ、堂々巡りを繰り返す内面の葛藤の外側に抜け出そうとする試みであったことになる。

そして、最終的にこのエピソードは、「日常性の発見」という主題を提示して結末を迎える。宇野常寛は「根本的な疑問として、ハルヒが求めているのは、本当に宇宙人や未来人や超能力者といった『非日常』なのだろうか。もちろん、答えは『否』である」、「本作でハルヒが満たしているものは」「『日常の中のロマン』としての『青春像』である」と指摘しているが、[7] 最終的に、ハルヒはキョンの日常性に対する愛着に引きずられる形で（あるいは、導かれる形で）、パラレル・ワールドからの生還を果たすことになる。

あらためて『涼宮ハルヒの憂鬱』について考えてみると、結局のところこの物語は、誰もが一度は通り抜ける思春期の葛藤の中で、幼少期からの願望や憧憬とどのように折り合いをつけ、成熟を受けいれるのか、その道筋を示そうとしている物語であると言えよう。エキセントリックで荒唐無稽なストーリーや設定は、高いエンターテインメント性を実現しているが、それを指摘するだけでは、この物語の可能性なり魅力なりを充分にくみ取ったことにはならない。

涼宮ハルヒにとっての日常の価値は、その不器用なポニーテールが象徴している。キョンに褒められキスをされた体験そのものが、彼女が発見した日常性の中のロマンだった。しかし、同級生の男の子とのキスを、非日常に自分を連れ出してくれる奇蹟のように感じ、自分の髪型を褒められた記憶が幸福感や高揚感へと結びついていく経験は、それほど珍しいものではない。むしろ陳腐でさえある。

野球場で五万人の人びとを一度に目撃したハルヒは、自分の人生が平凡なものに、価値のないものに思えた。いままで彼女が生きてきた人生は、特別なものでも珍しいものでもなく、誰もが似たり寄ったりの人生を生きていることに気づいてしまったからだ。しかし、最終的にハルヒは、他人の人生と比べてみて、その違いの中に自分の人生の「特別」な価値を発見しようとする態度そのものを放棄している。誰もがキスをするから、髪型を褒められる経験は珍しいことではないから、そんな体験は意味も価値がないとハルヒが思っていたら、その彼女が翌日ポニーテールを結って登校してくるはずがない。キョンとのキスは彼女にとって「特別」なものであったはずだ。

ハルヒにとって成熟とは、あるいは思春期の終焉とは、彼女自身が自分の人生を価値づける根拠であろうとする態度の獲得を意味している。自分にとって素晴らしい体験、あるいは甘美な記憶であるならば、他人の人生と同じであろうがなかろうが、もはやどうでもよいと気づくこと、そのような問いかけ自体が意味をなさないと知ることを意味している。他人の人生と比べることをやめて、自分自身の感性領域における充実感や幸福感を何よりも大切にすること。その平凡さ陳腐さに耐え、自分が幸せに感じたら、それ自体を人生の価値そのものであると認め、受けいれること。涼宮ハルヒは、このような気づきとともに、日常の価値を発見することになる。そして、これこそがこの物語に描かれた、思春期の中にある魂が、憂鬱から抜け出し成熟へと向かう道筋だったのである。

注

1　稲葉振一郎「涼宮ハルヒの予定調和」『ユリイカ』二〇一一・七
2　上田麻由子「白鳥座α星の瞳」『ユリイカ』二〇一一・七
3　前島賢『セカイ系とは何か』ソフトバンク新書　二〇一〇・二
4　注3と同じ
5　注3と同じ
6　斎藤環『戦闘美少女の精神分析』太田出版　二〇〇〇・四
7　宇野常寛『ゼロ年代の想像力』早川書房　二〇〇八・七

Ⅱ 「居場所」と「承認」の物語

『CLANNAD—クラナド—』『けいおん！』『Free!』

台北のアニメイト

この本を執筆するにあたって、様々な場所を見学して回った。本書では直接、言及しなかったが、原稿を書くに当たって、いろいろと参考になった。

たとえば、アニメイトというアニメ関連の書籍やグッズ、CD、DVDを取りそろえた、有名なチェーン店がある。実はアニメイトは台湾の首都、台北にもある。場所は台北駅の南口から西門町に行く途中のビルの地階である（たいへん面白いので台湾旅行の際にはぜひ立ち寄ってみてほしい）。店長は日本人で、僕ら一行が日本人とわかると、あれこれ教えてくれた。店内を物色して驚いたのは、日本のマンガを専門にあつかう台湾角川という出版社が、かなりマイナーなものまで中国語に翻訳して出版していることだった。絵はそのまま、吹き出しの中のセリフだけが中国語に翻訳されていた。それはいいのだが、ダジャレや日本語でしか説明できない笑話をどうやって翻訳するんだろうか？　京アニがアニメ化した、あらゐけいいちの『日常』には囲碁サッカー部以外にも、「焼きそば」と間違えて「焼き鯖」を買ってくるとか、空から「赤べこ」が降ってくるとか、けっこうシュールなエピソードが登場するが、こんなの翻訳できないんじゃないかという気がする（台北アニメイトの本棚には中国語版『日常』がしっかりと並んでいた）。今度、台湾に行ったらぜひ確認してみたいと思っている。

「居場所」という救済への道筋

『CLANNAD―クラナド―』はkeyの名で知られるゲーム・クリエーター集団によって作られた恋愛シミュレーションゲームなのだが、『AIR』や『カノン』などのkey作品と同様に、この物語も京アニによってアニメ化された。Ⅰ期の『CLANNAD―クラナド―』は、二〇〇七年一〇月から二〇〇八年三月まで、Ⅱ期の『CLANNAD～AFTER STORY～』二〇〇八年一〇月から二〇〇九年三月まで放送されている。

Ⅰ期のあらすじは次の通りである。主人公、岡崎朋也の母親は交通事故ですでにこの世になく、朋也を一人で育てた父親もアルコールに浸る毎日を送るようになり、仕事もしなくなった。朋也はバスケットボールのスポーツ推薦で地元の高校に入学したが、父親との喧嘩で肩が上がらなくなり、バスケット部を早々に退部。父親と学校生活に対する嫌悪を抱いたまま日々を過ごす朋也は、家庭にも学校にも「居場所」を見つけることができないままに、孤独感の中で生きていた。

そして、三年生になったばかりのある日、桜並木の続く通学路の坂道で朋也は、原因不明の病気のため留年してしまい、もう一度三年生をやり直すことになった少女、古河渚と出会う。彼女との親交が進んでいく内に、渚の家に居候をすることになった朋也は、普通の家庭をはじめて体験することになり、そこに自分の「居場所」を発見していくことになる。

Ⅱ期は高校卒業後の二人の行く末が描かれている。二人は結婚するが、出産の際に難産となり渚は死んでしまう。生まれてきた娘、汐を渚の両親に預けたまま朋也はすさみきった生活を送っていた。ある日、渚の両親の計らいで朋也は汐とともに旅に出る。そこで祖母と出会い、朋也を育てるために実父が自分の人生をすべて犠牲にしてきたことを知る。これをきっかけに父親と和解するところで物語は終わる。

このようなストーリー展開を確認してわかることは、徹頭徹尾この作品が「居場所」の物語として描かれているということである。物語には繰り返し、主人公の朋也が父親に対する憤懣や怒りを口にする場面、そして孤独感を口にする場面が描かれている。「さわるな、いいかげんにしてくれ。なんだその他人行儀な口の利き方は。俺はあんたの何なんだよ」という、朋也が父親に向かって言うセリフ（Ⅰ期二話）、あるいは「あの人の中では俺はもう息子じゃないんだ」、「同じ屋根の下で別々に暮らしてきた。あの人はいつもああやっておだやかに笑って一人で生きてきたんだ。俺と親父はもうずっと前から家族じゃないんだよ」（Ⅰ期一九話）などの言葉がそれである。

また、登場人物の一人である坂上智代（さかがみともよ）も、朋也と同じような境遇の中で育っている。ある日、智代が朋也に向かって、「岡崎は昔どんなだった」、「私は荒れてた。荒れる理由、いや多くの人にとって荒れない理由は何だと思う」、「私の見つけた答えは家族だ。家族があれば人は自分を制御できる」、「本当の家族でなくてもいい。仲間でもいいんだ」と、自分の過去を語りはじめる。智代の両親は仲が悪く、家の中は冷え切っており、会話がないどころか喧嘩すらなかった。「どちらが悪いというものではなかったのだが、ささいな誤解や不満が積み重なって、いつのまにか歯車がかみ合わなくなって」しまっていた。家族が絆を取り戻すきっかけになったのは弟の自殺未遂だった。両親が離婚することになり、どちらが子どもを引き取るかで言い争いになった時、弟が「どちらもいやだ」と言って橋から飛び降りてしまう。そして、「冷え切っていてもうどうにもならないと思っていたのに」、この出来事をきっかけにして、家族は「はじめて家族になれた」と智代は言う。「居場所」の喪失と再生の物語がここは語られている（Ⅰ期一八話）。

そして、主人公の朋也が自分の「居場所」を見つけるきっかけになったのが、ヒロイン、古河渚との出会いだった。朋也に向かって渚は父親と距離を置き、二人の関係を見つめ直す時間を持つことをすすめる。やがて、朋也は彼女の家に居候することになるのだが、彼女の家で彼がはじめて目にしたものは、両親そして渚がお互いを愛し合い、いたわり合うという普通の家族の風景だった。しかし、それこそが朋也のこれまでの人生においてもっとも縁遠いものだったのである。

ところが、ある日、朋也は渚の父親、古河秋生（あきお）から、次のような古河家の秘密を教えられることになる（Ⅰ期二〇話）。

渚が小さい頃、命を落としかけたことがある。一回死にかけてるんだよ。あいつは。一〇年以上前だ。早苗（筆者注、秋生の妻、渚の母親）は中学教師。俺もやりたいことができるようになって。慌ただしい毎日だった（中略）俺たちはお互い目指していた職業に就けたことで夢中だった。だから渚と一緒にいる時間がなかなか取れなかった。ある日、渚が熱を出した。雪が降る寒い日だった。保育所は休み。世話をしてくれそうな相手も見つからない。でも俺も早苗も忙しい時期で仕事も休むわけにはいかなかった。熱は下がっていたし、俺も自分の用事が終われば帰れる。ほんの二時間くらいのことだったんだ。だが、渚は外に出て俺たちを待っていたんだ。神様が罰を与えたと思った。夢ばかり追っていて自分の娘をずっと一人にしていた俺たちから渚を奪っていったんだと思った。世の中には子どもを育てるのも夢を追うのも両立できる人も多いだろう。でも俺たちはできなかった。渚が目を開けた時、俺たちは誓った。ずっとこいつのそばにいようってな。俺たちは商売がえをした。パン屋にしたのは早苗がパンなら自信があると言ったからだ。

古河渚の両親もはじめから理想的な父親、そして母親ではなかった。最初は自分たちのやりたいことのために子どもを犠牲にしていた。しかし、渚が命を落としかけたことをきっかけに、その出来事を神様が与えた罰として受けとめ、自分の夢を一切あきらめて、子どものためだけに生きることを決心し、いつも家族が一緒にいることができる自営業、パン屋をはじめることになった。

朋也にとって、そしておそらくこの物語を支持する多くの若者にとって、渚の家族たちはある種の理想形を実現している。この物語を受容する少年少女たちは朋也や渚と自分を同一視するような空想の中で、この家族に擬似的な自分の「居場所」を発見することになる。これを逆から言えば、おそらくこの物語の視聴者として想定されているであろう一〇代の少年少女たちの間には、「居場所」の欠落感のようなものが蔓延している、ということになってこよう。だからこそ、古河渚とその両親が繰り広げるハートフルな家庭模様に憧れることになるのだ。

ところで、「居場所」の問題については、鳥山敏子によって詳しい説明がなされている。[1]鳥山によれば、子どもが家庭に自分の「居場所」を感じられなくなった原因は、親たちが、「自分の子ども時代と比べて、ぜいたくなものを手にしているわが子が幸福になっているものだと勘違い」しているところにある。なぜならば、子どもたちには、外に出て働く親の姿が、「子どものことを振り返らないで働くのが当たり前」であるようにしか見えていないからである。ここに子どもにとって家庭が「居場所」ではなくなった状況が成立した原因がある。結果、子どもたちは家庭以外の場所に、たとえば、教室や部活、場合によっては街で知り合った遊び仲間たちに、自分の「居場所」を求めるほかなくなってしまった。子どもから見れば、「何が子どもにとって真の幸福なのかを本気で考えてくれる親」が家庭から消えてしまったのが現代という社会なのである。「居場所」の物語が若者たちにとって、彼らを精神的に救済しうるものであることの背景には、このような子どもを取り巻く現代の社会状況がある。

以上のような背景を理解できれば、この物語が射程に収めている問題の姿が見えてくるはずだ。家の中に一人取り残されて育ち、思春期に入って「居場所」を求めはじめた少年少女は避けようもなく、岡崎朋也や古河渚に自分を重ねて見てしまうだろう。ヒロインは病弱で高校にまともに通学するのも難しいのだが、それでも彼女が幸せに見えるのは、父親と母親が深い愛情と信頼によって結びついており、両親が子どものために生きようと決意し、いつもそばに寄りそい、惜しみない愛情を注いでいるからである。朋也や渚に自分を重ねて物語を受容する少年少女たちは、おそらく空想の領域で、渚の家族たちが織りなす疑いようのない愛情や信頼を擬似体験することで、一瞬なりとも人生に希望を見出すことになるのである。

部活という絆

さて、そこでなのだが、このような『CLANNAD―クラナド―』の主題は、よくよく見てみると、一見そうとは気がつかない形で、同じ京アニ作品である『けいおん！』や『Free!』（実は『中二病でも恋がしたい！』や『境界の彼方』もそうなのだが）にも、流れ込んでいる。ただし、これらの物語において「居場所」として登場しているのは、「家族」ではなく、「部活」である。ここに大きな違いがある。そして、これから詳しく語っていくつもりだが、この違いは、最終的にこれら二つの物語の根本的性格を規定するものとなっている。

その部活のことだが、クラブ活動はこれまで多くのマンガやアニメーション、小説で題材となってきた。たとえば、『弱虫ペダル』や『ハイキュー!!』、『SLAM DUNK』などがそれに当たる。小説ならば、『バッテリー』がその典型だろう。また、クラブ活動はなにもスポーツ系だけとは限らない。文化系サークルも無数にある。たとえば、『ちはやふる』は競技かるた部が登場している。個人的に一番気に入っているのは『日常』に登場する、囲碁サッカー部という謎の部活である。

それはともかく、クラブ活動に題材が採られている物語には、共通の前提が存在している。当たり前のことなのだが、アニメ、漫画、小説を問わず、部活の物語にあっては、主人公なり登場人物なりが、そのスポーツなり競技なりに対して、強い向上心を持っていなければならない。より高みに到達したいという強い情熱があるからこそ、挫折したり、達成したりなどの、成長の物語を紡ぎ出すことが可能となる。

ところが、京アニ作品には、やる気のない部員で構成される文化系サークルがときどき登場する。『境界の彼方』の文芸部、『氷菓』の古典部（念のために言っておくと、「古典部」は京アニではなく、原作者の米澤穂信による設定）、そして、『けいおん！』に登場する、軽音部である。

『けいおん！』の原作はかきふらい（もちろんペンネーム）による同名のマンガで、京アニ制作のアニメーション作品は、Ⅰ期が二〇〇九年四月から六月まで、Ⅱ期が二〇一〇年四月から九月まで放送されている。原作は女子高生のユーモラスな日常を四コママンガを中心に描いたものである。アニメ版と比べてみると、登場人物のキャラクター設定やセリフなどで共通しているところも多いが、京アニ版オリジナルのエピソードやセリフも多数加えられている。

アニメ版のおおまかなあらすじは次の通りである。部員全員が卒業したため部員数が〇名となった桜が丘女子高校軽音部は、新たに四人の部員が入部しなければ廃部になる状況だった。入学したての一年生、田井中律は幼なじみの秋山澪を強引に入部させ、合唱部の練習場所と間違えて音楽室にやってきた琴吹紬も勧誘し、主人公の平沢唯が四人目のメンバーとして入部したことで、軽音部はなんとか廃部を免れることができた。さらに翌年、新入生の中野梓が入部したことで部員数は五人となる。物語はこの五名による軽音部の活動を中心にして進行していくわけだが、ただし、彼女たちのクラブ活動の中心は、部室に集まって、お茶を飲み、お菓子を食べ、大きな事件もないままに、おだやかな日常を過ごすところにあった。

おそらくこの作品の舞台が女子校で、恋愛に関するエピソードが一切排除されているのもこのような物語の性格に起因する。もし共学校が舞台になってしまったら、恋愛の物語が生成されかねない。そうなれば、彼女たちの日常はおだやかでなくなってしまう。

それはともかく、『けいおん！』Ｉ期二話で、ヒロインの唯は軽音部に入部することを決心するわけだが、この場面で唯は幼なじみの和（のどか）と次のような会話を交わしている。

（和）「唯にも打ち込めるものができたのね、うれしいようなかなしいような」

（唯）「今日はむぎちゃん（筆者注、紬の愛称）がおいしいお菓子持ってきてくれるんだ」

（和）「ギターやるんじゃないの？」

（唯）「幼稚園の時も小学校の時も中学校の時もずうっとぼうっと生きてきたけども、高校生になって私はじめて部活をはじめました」

ここで唯は小学校からずっと何もせずに過ごしてきた自分がはじめて部活に参加したことを喜んでいる。あるいはⅠ期三話では追試を受けることになり部活が禁止となった唯が、軽音部の部室、音楽室にやってくるエピソードが登場する。部長の律が「そしたらここにいるのもまずいんじゃや」と言うと、唯は「大丈夫だよ、お菓子食べに来てるだけだし」と答える。軽音楽をカスタネットなどの軽い音楽と誤解していた唯は、はじめは音楽活動をしたいと思っていたわけでもなかった。彼女が望んでいたのは部活そのものであって、演奏の練習をしなくても、メンバーが集まって、お茶を飲み、お菓子を食べ、他愛もない話をし、友情をはぐくむことができればそれでよかった。だから唯は軽音楽をはじめたのではなく、部活をはじめたと言い、部活そのものが禁止されても仲間との時間を過ごすことができれば、まったりした穏やかな時間を手に入れることができれば、満足することができたのである。

もうすこしこのI期三話について紹介しておくと、唯は「みんなと部活続けたいから、私がんばる」と言って勉強をはじめるものの、他のメンバーたちはそんな唯が心配で、紬が「今晩みんなではげましのメールおくってあげるのはどう?」とメンバーに提案する。そして、結局、軽音部全員で唯の勉強を手伝うことになる。幼なじみの和も唯を心配してやってくる。このエピソードには、唯の妹を含めたみんなが、主人公、唯を愛し大切にしている姿、それを通じて浮かび上がってくる唯の幸福な日常が描かれている。

追試に合格した唯は、勉強を手伝ってくれたバンドのメンバーに、「みんなのおかげだよ。ほんとうにありがとう」とお礼を言うのだが、その直後に、部室の長いすに四つのスクールバッグが肩を寄せ合うように並んでいるカットが挿入されている。このスクールバッグは部室を「居場所」にする唯たちが、心を一つにして幸福な時間を共有している姿を象徴している。

もうわかると思うが、ヒロインの唯は明らかに、いわゆる「天然」キャラである。社会のルールや他者の思惑をおもんぱかることなく、目の前のさまざまな危機に気づかないままに、のんきに日常を送る姿勢が「天然」であるとするならば、その生き方は社会性や常識を欠いたものであるしかない。ところが、唯の場合、興味深いのは、「天然」であることによって社会性を獲得してしまっていることである。唯は追試験という学校のルールを目の前にしてもとくに危機感を感じることがない。そして、そうであるがゆえに同じバンドのメンバーや幼なじみの和は心配になり、唯のテスト勉強を助けようと彼女の家に集まってくる。つまり、唯の場合、「天然」であること、具体的には追試験を前にしての危機感のなさが、周囲の友人たちの危機感をあおることになり、結果として彼女は友だちの手助けによって、テストをパスするわけである。唯の場合、「天然」であることが社会性（この場合なら追試験の合格）につながっており、さらには、バンドのメンバーや幼なじみとの絆を再確認するきっかけにもなってしまっている。

Ⅰ期九話では唯たちが二年生に進級し、新入生の梓が入部してくるエピソードが描かれている。以降、物語はしばしば梓の視点から語られることが多くなるのだが、もともと梓は、唯と正反対の性格で、さらに本気で軽音楽をやりたいと思っていた。たとえば、律が「ティータイムがうちの売りだから」と梓に説明すると、「こんなんじゃだめです。みなさんやる気が感じられないです」、「音楽室を私物化するのもよくないと思います、ティーセットは全部撤去すべきです」と、入部早々から、軽音部は軽音楽をするところであるという、正論をぶつける。また、澪が「軽音部慣れそう？」と聞くと、「こののんびりした空気がちょっとあれですけど」、「澪先輩はうまいのに、なんでこんなやる気のない部活にいるんだろう」、「だめになる、このままではだめになる」と、不満を漏らす。入部早々の梓が理解できなかったのは、そもそもここは軽音部なのに、なぜ、演奏の練習をしようとしないのかということなのだが、その様子が彼女の眼には、単にやる気がないだけのように映った。しかし、実際はそうではなく、演奏そのものよりも大切なものがあることを上級生の四人は知っており、新入生である梓はそのことに気づいていないだけだった。

そして梓は、軽音部に親しんでいくとともに少しずつそのことに気づくことになる。ある日、メンバーの演奏について梓は、「唯先輩はまるで音楽用語知らないし、律先輩のドラムは走り気味なのに、どうして四人そろって演奏するとこんなにいい曲になるんだろう」と疑問を抱く。その直後、ふたたび四つのスクールバッグが長いすに並んでいるカットが挿入されるのだが、このカットには、テクニックの問題として決してうまいとは言えないにもかかわらず、彼女たちの演奏が魅力的であるのは、いつも、お互いを思いやり、信頼し合い、助け合い、幸福な時間を共有していたからだったことが暗示されている。おだやかで幸福な日常を手に入れるためには、あるいはその場所が文字通りの「居場所」であるためには、メンバーのシンクロ率を高めないといけない。とくに努力しなくても他のメンバーの感性と同調する形で時間を過ごすことができるからこそ、おだやかな時間を手に入れることができるのだ。メンバーがそれぞれに異なった価値観や感性を持ち、絶えざる意見の衝突がはじまれば、それは成長をもたらすものであるとしても、かならずしも彼女たちに幸福感をもたらすものではなくなってしまう。

土井隆義は他人に積極的に関わることで自分も相手も傷ついてしまう関係を回避するような若者の傾向を指して「優しい関係」と呼んでいる。[2] このような土井の指摘は『けいおん！』全体を支配する幸福感の中身を理解していく上での手がかりとなる。ただし、唯たちバンドのメンバーは別に摩擦を回避しようとしているわけではない。なぜなら摩擦など起こりようもないほどに、彼女らの同調率は、高いからである。それゆえに彼女らは「優しい関係」を構築するための一切の努力を払わないままに、おだやかな時間を手に入れることができるのだ。この物語を思春期にある多くの少年少女が支持したのも、彼ら彼女らが求めるもの（対立や葛藤、決別などが回避された場所にあるような友情）をもっとも理想的な形で（「優しい関係」への努力を欠いたままで）手に入れることに成功しているからである。澪の「私はこのメンバーとバンドするのが楽しいんだと思う。きっとみんなもそうで、だからいい演奏になるんだと思う」、「これからもだらだらお茶飲んだりすると思うけど、それも必要な時間なんだよ」という言葉は、『けいおん！』の主題を短い言葉で的確に伝えている。

さらに言えば、ヒロインの唯が「天然」キャラであることも、「優しい関係」の問題と関連している。土井が言うように、リアルな現実に即して言えば、「優しい関係」を維持しようとすれば、たえず、人間関係に気を遣い、他人の内面を推し量り、自分が思ったことをそのまま口にしないように気をつけなければならない。うっかり、余計なことを喋ってしまえば、他人も傷つけ、自分も傷ついてしまう。とするならば、その関係は偽りの関係であらざるをえない。一方、唯の場合、「天然」であることによって、そして、そんな自分自身をさらけだすことで、「優しい関係」を獲得することに成功している。ここにも、少年少女たちにとっての理想的な人間関係を体現している唯の姿を確認することができる。

競わないスイマーたち

部活に題材を求めつつ、「居場所」を主題とする物語をつむぎだしている点では、同じ京アニ作品である『Free!』も共通している。

『Free!』は、Ⅰ期が二〇一三年七月から九月まで、Ⅱ期の『Free!―Eternal Summer―』は二〇一四年七月から九月まで放映された。原作は京アニ主催のライト・ノベルを対象とした文学賞、京都アニメーション大賞第二回奨励賞を受賞した、おおじこうじの『ハイ☆スピード！』で、この作品は二〇一三年七月にＫＡエスマ文庫より刊行されている。原作の『ハイ☆スピード！』には主人公たちの小学校中学校時代の物語が綴られており、高校時代の体験を中心に描いたアニメ版『Free!』とは、大きく内容が異なる。アニメ版は原作に対して半ばオリジナルのストーリーが展開されていると言っていいだろう。

まずＩ期から物語を紹介しておくと、七瀬遙、橘真琴、葉月渚は休部状態だった岩鳶（いわとび）高校水泳部を復活させ、竜ヶ崎怜を加え四人で県大会に参加する。小学生時代、同じスイミングクラブに通っていた松岡凛は、鮫柄（さめづか）学園水泳部員として、県大会予選に参加。競泳一〇〇メートルフリーでは凛が遙に勝ち、遙は予選落ちしてしまう。しかし、翌日のリレーで四人は優勝し地方大会出場の夢を果たすことになる。怜の口を通じて凛が遙たちとリレーを泳ぎたがっていることを知った遙、真琴、渚は決勝で怜の代わりに凛を岩鳶高校の選手として出場させ一着でゴールする。当然失格となったわけだが、四人はおたがいがおたがいにとってかけがえのない仲間であることを確認し、物語は終わることになる。

Ⅱ期は高校三年生を迎え卒業後の進路を意識しはじめた四人の様子が中心に描かれている。遙たち岩鳶高校はメドレー・リレー競技で全国大会に進むことになるのだが、進路に悩む遙はタイムが伸びないままだった。そのことに気づいた凛は、オーストラリアに遙を連れて行く。そこで世界を目指すスイマーたちの姿を見た遙は世界を舞台にして泳ぎたいと決意する。そして、帰国後の全国大会で岩鳶高校の四人は最後のリレーを泳ぐことになる。

Ⅰ期の後半には県大会で凛との勝負で負けた遙が「凛はオリンピックの選手になるために泳いでいる、じゃあ、俺は何のために泳ぐんだ」、「結局俺は何を望んでいたんだ。どうしたかったんだ。なんのために」と疑問を抱くエピソードが描かれている（Ⅰ期八話）。遙はタイムを縮め、試合に勝ち、より高みを目指すために泳いでいるわけではなかった。にもかかわらず、凛に負けて、遙は泳ぐ意味がわからなくなってしまう。

もともと遙は水との関わりの中で、〈本来の自分〉を取り戻そうとしていた。彼は泳いでいる間だけ、自分が自分でいることができると思っていた。とするならば、遙の内面で起きた変化とは、凛との勝負に負けたことをきっかけに、その〈本来の自分〉の輪郭が不透明になりはじめたことを意味する。別な言い方をすれば、遙の〈本来の自分〉とは、水との関わりを通じて獲得されるものであると同時に、あるいはそれ以上に、凛との勝負によって透明になったり不透明になったりするもの、水泳を媒体とした凛や真琴、渚、怜との関係の中で獲得されるものだったということになる。

実際、遙はI期九話で次のように真琴に語っている。

俺はわからなくなった。泳ぐのに理由なんてなくていい。水を感じられればそれでいい、今まではそう思っていた。でもあいつ（筆者注、凛を指す）に負けた時、目の前が真っ暗になった。俺はもう凛と泳げない。すべてがどうでもよくなった。大会も何もかも。でもそんな時にお前らの試合を見たんだ。俺はずっとこいつらとがんばってきたんだ。そう思った。ただの数合わせにしかならないかもしれない。でもお前たちがリレーに出たいならそれでもいい。出てみようって。その時、思い出したんだ。一つのコースをつないで泳ぐこと。ゴールした場所にみんながいること。そのことがうれしかった。（中略）俺もリレーに出たい。お前たちと泳ぎたい。もう一度。

ここから、凛との勝負に負けた遙が抱いた不透明感が、勝負に負けたことそれ自体に起因するのではなく、今後二度と凛と一緒に泳げなくなることに由来するものだったことがわかってくる。そのような遙に、泳ぐ意味を教えたのが、他のメンバーが懸命に泳ぐ姿だった。結局、遙が求めていたものとは水泳そのもの以上に、水泳を介して仲間とつながることであり、つまり、「居場所」を手に入れることだったのである。

そして、岩鳶高校水泳部は個人競技では敗退しながらもリレー競技では地方大会、全国大会へと勝ち進んでいくことになる。このあたりのストーリー展開は『けいおん！』とよく似ている。桜が丘女子高校軽音部のメンバーは一人一人の技量は決して高くないが、四人の仲のよさ、同調率の高さによって、つまり軽音部が彼女らの「居場所」であることによって、素晴らしい演奏を実現していた。それと同じように、個人競技では大した成績をあげることができなかった岩鳶高校も、四人が文字通りの意味での仲間になったことで、つまり岩鳶高校水泳部が四人にとっての「居場所」になったことによって、彼らはリレー競技において勝ち進んでいくことになる。

凛も今は水泳の強豪、鮫柄高校水泳部に属しているが、かつては遙、真琴、渚と同じスイミング・クラブに属してリレー競技に参加していた。その凛も当初はオリンピックを目指し、勝負に固執していたが、Ⅰ期の最後には、自分が所属する鮫柄高校の水泳部員としてではなく、遙たち岩鳶高校の選手としてリレー競技に参加することになる。勝負よりも（他校の選手が参加するのだから当然最終的には失格になるはずだ）、仲間とともに泳ぐことを大切なものとするこの物語の主題を象徴するエピソードである。

「さとり」たちのゲマイン・シャフト

これらの物語では部活に「居場所」が求められているわけだが、このような物語が成立するためにはある決定的な前提が必要になってくる。その前提とは、登場人物たちが、たとえば、よりレベルの高い演奏を目指すとか、メジャー・デビューに憧れるとかといったような成長への志向を、けっして持ってはならないということである。部活の中で競い合いがはじまれば、メンバーはみなライバルになってしまう。とするならば、そこに生成される人間関係は敵対と緊張をともなわないではいられない。そのような部活が主人公たちの「居場所」になるはずがない。

たとえば『けいおん！』I期一話で、主人公の唯は和と次のような会話を交わしている。

(和)「なにやってるのよ唯」

（唯）「わあ、和ちゃん、実はどの部活に入ろうか迷ってて」
（和）「エーまだ決めてなかったの、もう学校はじまってから二週間も経ってるよ」
（唯）「でもでも私、運動音痴だし、文化系のクラブもよくわかんないし」
（和）「はー、こうやってニートができあがってくのね」
（唯）「部活やってないだけでニート」
（和）「振り返ってみると唯って今までなんの部活もやってこなかったもんね」
（唯）「なにかしなくちゃいけないような気がするんだけど、一体なにをすればいいんだろう」

すでに触れたとおり、唯がはじめから軽音楽をしたいという気持ちを持っていなかったことが、このやりとりからわかるだろう。今までクラブ活動をまったくやってこなかった唯は、入学から二週間経っても、どこに入部したらいいのか決められず、幼なじみの和にはニート呼ばわりされることになる。

途中で登場する梓を除けば、他の部員も、入部の動機は似たり寄ったりである。部長の田井中律も、かっこよさそうだからという理由で入部を決意しただけだった。秋山澪はその律と幼なじみだったので引きずり込まれ、琴吹紬は練習場所を間違えたのが入部のきっかけとなっている。つまり、部員の誰もが、はじめから積極的に、軽音楽に取り組み、高みを目指していこうとは思ってなかった。したがって、この物語のヒロインたちは挫折も達成も無縁なままであり、通常の部活物語と異なり、『けいおん！』は成長の物語へと向かう可能性があらかじめ閉ざされている。

このようなヒロインたちの「ゆるさ」は、顧問である山中さわ子先生の高校時代との対比を通じて、より鮮明に浮かび上がる仕掛けになっている。山中先生も桜が丘女子高校出身で、高校時代は軽音部に所属していた。年齢から言えば、唯たちとは五歳から一〇歳程度しか変わらないはずなのだが、しかし、その音楽体験にはかなりの隔たりがある。山中先生の音楽体験は七〇年代から八〇年代のそれに近いのではないか。

Ⅰ期四話には澪が部室を掃除していた際に、昔の軽音部のライブを録音したカセット・

テープを見つけるエピソードが登場する。「昔の学園祭のライブ、この前、部室でみつけたんだ。私たちより相当うまい」という澪のセリフとともに、昔のハードロックが流れはじめるのだが、「ふわふわ時間（タイム）」や「わたしの恋はホッチキス」など甘くてゆるい感じの曲を演奏する唯たちとは、当然のことながら、かなり曲調が異なる。

またⅠ期五話では、昔の軽音部の写真が出てくるエピソードがある。その写真に写された姿はパンク系かヘビー・メタル系バンドのファッションに近い。正確には七〇年代から八〇年代の音楽シーンを思い起こさせるような、たとえばKISSのような（あるいは、X JAPANのような）悪魔を連想させるメイクをしている。今、軽音部の顧問をしている山中先生は、高校時代、このバンドの（ちなみにバンド名は「DEATH DEVIL」）ギターとボーカルを担当していた。

この写真を見た唯が「わあすごいね」と言うと、律は「いつの時代のバンドだよって感じだよな」と応える。同じ軽音楽といっても、音楽に対するイメージが世代によってまったく異なることがここで確認されている。日頃は模範的で上品な先生として振る舞っている山中先生が、いざギターを持つと昔の不良に戻ってしまうというエピソードが、物語には何度か登場する。大人への抵抗や秩序の否定、暴力や欲望の肯定など、The Beatles から The Rolling Stones、KISS、Aerosmith を経て、ヘビー・メタルやパンクへと至る、ロック・カルチャーの水脈を、山中先生も引き継いでいることがわかるだろう。

このような山中先生が通り抜けた音楽シーンと対比をなすかたちで、唯たちの音楽活動は登場している。優等生の澪、お嬢様の紬、ドジっ子の唯というように、さまざまなキャラクターが登場しているものの、彼女たちは、決して学校や大人に、あるいは社会に抵抗して自由を求めることはない。かつてのロック・カルチャーとは徹頭徹尾無縁なキャラクターとして描かれている点で、ヒロインたちは共通している。

また、『Free!』の場合、たしかに結果的には地方大会、全国大会に参加していくことになるが、それも勝敗や記録を意識し、より高みを目指していたわけではない。I期一話で遙が、「俺はフリーしか泳がないから、そうタイムも勝ち負けもどうでもいい」、「肌で目で心で、そして感じたものを疑わないこと、水にあらがうのではなく、受け入れる。互いの存在を認め合う」と、語っている。遙にとって大切なことは水を感じることであり、そして、それ以上にともに泳ぐ仲間との絆を確認することだった。

つまり、遙たちは結果的に全国大会への出場を果たすが、それはあくまで「結果」に過ぎず、べつにそれを目指して努力していたわけでもないのだ。そもそも岩鳶高校水泳部が県大会に参加したのも、再建間もない水泳部には予算がなく、部費獲得のための実績作りが必要だったためだった。部費獲得を目的とした県大会参加、しかも個人競技は全員予選落ちというのでは、スポーツをテーマとする物語としては、動機も結果もあまりにも心もとない。

物語の題材を部活に求めながらも、メジャー・デビューに憧れるとか、さらなる高みを目指そうとはしない登場人物たち。かつての若者とは決定的に断絶しているような、既成の秩序や大人社会に反抗しない少年少女たち。ここに『けいおん!』や『Free!』が描き出す世界と、従来のマンガやアニメ、音楽文化との決定的な違いがあると仮定してみると、この物語とこの物語を支持した若者たちとの接点が浮かび上がってくる。このような「競わない少年少女たち」の姿は、いわゆる「さとり」世代の心性との回路を開くものとなっている。

『けいおん！』が放映されたのと同じ二〇〇九年の一二月に、元『日本経済新聞』記者山岡拓の『欲しがらない若者たち』が出版されている。[3] この本では現代の若者の消費行動について、「車に乗らない。ブランド服も欲しくない。スポーツしない。酒は飲まない。旅行しない。恋愛には淡泊」、あるいはお金を稼ぐ意欲が低いなどの特徴が語られている。山岡によればこのような傾向は、二〇〇八年九月のリーマンショック以降見られるようになった。この本で描かれたような最近の若者の姿について、「2ちゃんねる」上で「さとり世代」と書き込まれ、ネット上でこの言葉が拡散することになる。念のため言っておくと、ここで言う「さとり」という言葉には、覇気がないとか、気概がないとか、ネガティヴな語感は含意されていない。彼らよりも上の世代から見た時にそう感じるだけであって、彼らの主観に寄りそえば、自分が幸せと感じることができれば、それで充分であって、わざわざ他人の人生と比べて、自分が望む以上の贅沢な暮らしや高い地位や名誉を目指す必要はない、というほどの意味になる（それは涼宮ハルヒにおける「成熟」の形に似ている）。

また、山岡によってはじめてその存在が知られるようになった「さとり世代」については、「(いま子どもたちは) さとり世代」のタイトルで、二〇一三年三月一八日から五月四日まで、八回にわたって、『朝日新聞』で紹介されている。この記事には、「年収にはこだわらず、ほどよく力の抜けた大人になりたい」、「人に勝ちたいとは思わない。やりたい仕事ができて、家族と暮らせればそれでいい」、「モーレツに働いて、どんないいことがあるのか分からない」、「大きな夢を語ると笑われちゃう」、「痛い大人にならない」、「痛い大人？ギャンブルやお酒に溺れる人とか。変に高い目標に踊らされている感じの人も」などなど、いまどきの若者の人生態度をかいま見させてくれるような言葉が、多数、紹介されている。

努力と研鑽を重ねて立身出世を達成していくという明治以来の人生モデル、あるいはその一変調としてのスポ根ドラマのような成長の物語とは、まったく無縁な若者の姿が、ここから浮かび上がってくる。彼ら彼女らにとって、従来の成長モデルは社会によって仕掛けられた巧緻な罠、あるいは目に見えない制度にすぎない。彼らの感覚は鋭くそこを感じとり、ひたすら個人的な満足感や幸福感を追求することになる。

また、とくに興味深いのは二〇一三年四月二六日に掲載された連載第六回目の記事である。この記事では、精神科医、香山リカの「権力や大人は悪ではない。社会秩序を守る存在で、反発する意味がない。最近の若者にはそんな認識が広がりつつある」という言葉とともに、最近の若者が尾崎豊の音楽に共感しなくなったというエピソードを紹介している。

尾崎と言えば、たとえば彼が作詞作曲した『卒業』の歌詞は次の通りである。

夜の校舎窓ガラス壊して回った
逆らい続けあがき続けた
早く自由になりたかった
信じられぬ大人との争いの中で

許しあいいったい何解りあえただろう
うんざりしながらそれでも過ごした
ひとつだけ解っていたこと
この支配からの卒業

JASRAC 出 1612054-601

香山によれば最近、「尾崎の抱えた不満の理由を分からない学生が増えている」。今の若者は社会に支配されている感覚もないし、したがって大人を信じたり、その結果、傷ついたり裏切られたりすることもない。戦わなくても、今のままで充分、自由ということになるのだろうか。実際、朝日の記事には尾崎の歌を聴いた若者の感想として「曲はいいんじゃない？　でもバカだなとも思う」とか「下手したら退学になるぞ」、「めんどくせーよ」、「俺、頭悪いですよ。勉強もしないし、学校よりもバイト優先だし。でも先生に反抗することはない。周りにもそんな人はいない。適当にうまくやった方がいいよ」などの言葉が紹介されている。

おそらく、『けいおん！』や『Free!』が、従来のマンガやアニメーションの主流であった成長の物語とは一線を画するものになりえているのは、このような少年少女のメンタリティーとの同調性を実現した結果である。

『けいおん！』のヒロインたちはミュージシャンとしてより高い技術を手に入れメジャーデビューを果たすことを目指さず、『Free!』の登場人物たちも、トップスイマーとして全国大会で優勝するとか、決してさらなる高みを目指そうとはしない。先ほども言ったように、『Free!』の場合は、競技会で活躍する場面がしばしば登場しているし、成長の物語になりえているように一見見えるが、それは結果としてそうであるだけであって、登場人物たちは、誰かと競おうとしているわけではない。

成長や他人との争い、そして社会や大人との軋轢から徹底して切り離されてあること。「さとり」世代の物語として誕生した『けいおん！』や『Free!』に登場する登場人物たちは、そうであることによって、今の若者たちにとって感情を移入しやすい、等身大のキャラクターになりえている。そして、その結果として展開が可能となった「居場所」の物語を、ストーリーの前面に押し出すことで、これらの作品は、音楽やスポーツを題材にしながらも、挫折とも成長とも無縁であるような、新しい物語を創造しえているわけである。

付け加えると、先ほど確認したように、『CLANNAD—クラナド—』では、主人公の朋也も智代も家庭の崩壊をきっかけに不良になってしまっており、親や大人に対して憎しみを抱いていた。同じ「居場所」の物語と言っても、『CLANNAD—クラナド—』に描かれているのは、崩壊した家庭の犠牲者であるような「とがっている」若者なのだ。その意味では、尾崎豊の世代に近いだろう。ところが、『けいおん！』や『Free!』の場合は、そのような背景説明は一切登場せず、理由はわからないが主人公たちの父親や母親は登場しないという、よくよく考えればやや不自然な設定の上に、同じテーマが展開されている。

たとえば、『けいおん！』には何度も、主人公の唯の家が登場するが、いつもそこにいるのは妹だけで、父親や母親が登場することはない。たとえばⅠ期三話にはバンドのメンバーがはじめて唯の家を訪れるエピソードが登場するが、その場面で唯は「今日はおとうさんが出張でね、おかあさんも付きそいでいないから、気がねしなくていいよ」と語っている。その後、何度も唯の家は物語に登場するが、両親が現れることは一度もない。唯はいわゆる天然キャラのヒロインだから、『CLANNAD―クラナド―』のように家庭が崩壊しているとも考えられない。また、映画版でも前半で一度だけ唯の両親が登場してはいるが、唯を含め、メンバーはすぐにロンドンに卒業旅行に出発してしまっている。つまり、唯の両親は、物語の世界から完全に消されてしまっているわけである。

この点については『Free!』も同じで、主人公の遙は一人暮らしをしているという設定になっているが、その理由については、真琴の口を通じて一度だけ、遙の父親が単身赴任になって母親もついて行ったからと、説明されているだけである(I期一話)。

その原因を考えてみると、『けいおん!』のメンバーたちにとっては軽音部が擬似家族であり、『Free!』ならばメドレー・リレーをともに泳ぐ仲間たちがそれに当たる。そこに自分の「居場所」を発見する物語を展開しようと思えば、主人公たちの本当の家族は、作り手の側から見れば、邪魔な存在でしかなくなる。たとえば、なに不自由なく、幸せな毎日を送る唯の家族は深い絆でつながれていると思うが、そのような家庭の幸福が物語の前面に出て来てしまったならば、彼女が軽音部という擬似家族を希求する内面的な必然性が削がれてしまうことになる。別な言い方をすれば、見ている側が、別にサークル活動で仲間を作らなくたって、家族と仲よくしていればいいじゃないかという気持ちになってしまう。

「居場所」の問題を家庭の問題として取り上げた『CLANNAD―クラナド―』とは異なり、部活に「居場所」を求める物語を紡ぎ出そうとする『けいおん！』や『Free!』の場合、「家族の離散」や「家庭の崩壊」という重苦しい背景の設定が回避されている。「家庭はとくに問題ないんだけど、それはともかく自分の居場所を手に入れると、人生、充実するよね」というような軽いトーンの物語を紡ぎ出すため、『けいおん！』や『Free!』は、主人公の家庭の様子を物語世界から消してしまう必要があったわけである。

「居場所」のゆくえ

さて、『けいおん!!』Ⅱ期二〇話には、三年生の唯、澪、紬、律にとっての最後の学園祭ライブが終わり、部室に戻ってきたシーンが登場している。その場面で、梓も含めた五人は次のような会話を交わしている。

（澪）「次はクリスマスパーティだよな」
（紬）「その次はお正月ねえ」
（梓）「初詣に行きましょう」
（澪）「それから次の新歓ライブか」（中略）
（律）「夏になってもクーラーあるし」
（紬）「合宿もあるし」

(唯)「楽しみだねえ、その次はえーと」
(梓)「その次はですね」
(律)「次はないない」

会話がここまで進んだところで唯が、「来年の学園祭はもっとうまくなってるよ」と言って泣き始め、これをきっかけに、バンドのメンバーみんなが抱き合いながら泣き出すことになる。そして、このII期二〇話は、泣き疲れた五人が壁にもたれながら手をつないで寝てしまったカットが登場して終わることになる。もちろん、三年生の唯は来年の学園祭にはもう参加できないこと、四人が卒業してしまうと同時に、彼女たちの「居場所」であった軽音部を失ってしまうこと、その結果、今の幸福な時間も終わらざるをえないことを知っている。だからこそ、来年も学園祭のライブに出るんだと、言わずにはいられなかった。

部活は卒業すればおしまいであって、そこで提供される「居場所」は、遠くない未来に確実に喪失することが約束されている。しかし、逆から言えば、だからこそ、家族という制度的な枠組みと比べて、そこで提供される「居場所」は、代替不可能な一回的で貴重なものとして感じられることになる。そして、それゆえに、メンバーたちの間で高い同調性が実現されることになるのだということを、このエピソードは伝えている。

『けいおん！』Ｉ期の最終話は唯の次の言葉で終わっている。

そう言えば、入学式の時もこの道を走った。何かしなきゃって思いながら。何をすればいいんだろうって思いながら。でも私、あのころの私、心配しなくていいよ。すぐに見つかるから。私にもできることが。夢中になれることが。大切な大切な場所が。

物語のラストで唯は、視聴者である思春期の少年少女たちに、だれでも、お互いが思いやり、決して傷つくことも裏切られることもなく、安心して自分が身をゆだねることができるような居場所を見つけることができるのだと、だから安心していいんだと、語りかけている。このような唯のメッセージを受けとめて人生に希望を感じる若者とは、『CLANNAD—クラナド—』の主人公のように、実人生から疎外され、孤独感の中で生きることを余儀なくされた、それでいてさとっているふりをしているような、そんな思春期の中にある少年少女たちなのではないか。僕はそのように思う。

注

1　鳥山敏子『居場所のない子どもたち』岩波現代文庫　二〇〇九・一
2　土井隆義『友だち地獄』ちくま新書　二〇〇八・三
3　山岡拓『欲しがらない若者たち』日経プレミアシリーズ　二〇〇九・一二

Ⅲ　中二病という名の孤独

『中二病でも恋がしたい！』

聖地体験

あとがきでも少し言及しているが、僕の自宅は滋賀県の南東部にあり、自宅から自動車で三〇分ほど行ったところに豊郷町という町がある。この町には近江兄弟社（メンタームを販売している会社）の創立者で建築家のヴォーリズによって設計された豊郷小学校旧校舎が今も保存されている。この建物が『けいおん！』の聖地で、京アニの制作スタッフがここをロケハンし、唯たちが通う桜が丘女子高校のモデルになったことはよく知られている。今でも、毎年五月のゴールデンウィークにファンの集いをやっているというので、僕も一度、出かけてみた。建物の中では六〇才くらいの紳士が、音楽室にフィギュアを置いて撮影をし、四〇才くらいの男性が黒髪ロングのカツラをかぶり、女子高生のコスプレをして歩いていた。

他にも滋賀県は意外と聖地が多い。『中二病でも恋がしたい！』を見ていると瀬田川大橋（国道1号線と瀬田川が交わる辺り）など、僕にとっては見覚えのある風景が繰り返し登場していた。また滋賀県民の個人的な観測としては六花の実家は福井県あたりにある海辺の町という設定になっているのではないかとも思っている。あと、『響け！ユーフォニアム』の舞台は京阪電車宇治線沿いで僕の職場に近いのだが、この作品に描かれた宇治あたりから南東の方角を眺めた時に見える山並みは、とてもよく描かれているように感じた。目には見えない空気のようなものまでそっくり映像化されているようで、あらためて京アニのクオリティーの高さに驚いたことがあった。

優しさの構造

『中二病でも恋がしたい！』は二〇一二年一〇月から一二月までⅠ期が、二〇一三年一月から三月までⅡ期が放送された。

原作は同名のライト・ノベルで、京アニ主催の文学賞、京都アニメーション大賞第一回奨励賞を受賞している。その後、ＫＡエスマ文庫の第一弾として、第一巻が二〇一一年六月に刊行されている。ちなみに原作者の名前は虎虎。「とらとら」ではなく、「とらこ」と読む。

原作とアニメ版を比べてみると、物語の大枠はだいたい一致しているが、アニメ版には原作にはない登場人物やエピソードも多数ちりばめられており、逆に原作には登場しているがアニメ版では削除されているエピソードもある。アニメ版は半ばオリジナルの作品となっていると言っていいだろう。また、原作では文字化されているエピソードや設定が、アニメ版では、セリフなしの暗喩的な映像によって伝えられているケースも多い。このような成立事情をふまえて、ここでは原作を理解の補助線としてアニメ版『中二病でも恋がしたい！』の分析を進めていきたいと思う。

物語は、ナレーターによる「みなさんは中二病という言葉をご存じだろうか？　思春期を迎える中学二年の頃にかかってしまうと言われる恐ろしくも愛すべき病で、形成されていく自意識と夢見がちな幼児性がまじりあっておかしな行動を取ってしまうあれだ」という言葉からはじまる（I期一話）。ナレーターによれば、今までマンガしか読んでいなかったのに、ある日突然、英語の原書を読みはじめたり、味もわからないのにコーヒーをブラックで飲みはじめたり、オカルト研究にはまる、などが、中二病に該当するそうである。

この物語は元中二病の高校生の富樫勇太と、現役の中二病患者、小鳥遊六花（たかなしりっか）（鷹がいないから「小鳥遊」で「たかなし」と読むのだそうである）のラブコメディーなのだが、この作品の優れている点は、想定される読者、つまり近頃の中高生が抱える孤独や不安、思春期の内面に根を持つかたちで、登場人物のキャラクターが設定されているところにある。のちに詳しく論じていくつもりだが、この物語に描かれた中二病は、近頃の中高生が抱える過剰な自意識だけを暗喩しているわけではない。とくにヒロイン、小鳥遊六花の場合、中二病は、さまざまな事情の中で、家庭内で孤立せざるをえない、思春期の中にある少年少女の悲しみや孤独の比喩でもある。このあたりは、アニメ版Ⅰ期の中後半（七話あたり）にかなりはっきりと描かれている。

さて、物語の主人公、富樫勇太も中学時代までは中二病で、自らを「ダークフレイムマスター」（闇の炎の使い手）と名のっていた。中学時代の勇太は自分の右手に「黒炎龍」が宿っていると（空想上で）設定することで、自己愛への回路を開いていた。ちなみに勇太の決めゼリフは「闇の炎に抱かれて消えろ」だった。

もちろん、同級生の友人や女の子はそんな勇太についていけず、クラスでも孤立化していったわけだが、やがて中二病である自分を客観的に眺める視点が育ってくるにつれて、そんな自分を思い出すたびに、恥ずかしさのあまりもだえ苦しむようになる。そして、勇太は過去と決別するために受験に際しては、なるべく知り合いのいない学校に入学することにした。勇太は高校進学をきっかけにして中二病という恥ずかしい過去と完全に決別して、新しい人生をスタートさせようとしたわけである。

このあたりの勇太の心境は、原作を読んでみると、よりはっきりと描かれている。

結局部活には入らなかったけど、学校の勉強もけっこう楽しい。クラスの人とも仲良く出来ていると思うし順風満帆だ。そして今、何より一番楽しいのが友達と普通に遊べるということだ。中二病末期症状であった時期に見失っていた、数々の大切なものを取り戻していることを実感している。孤独な俺カッコイイと思ってた時期が嘘のように今は友達といることが楽しい。

この文章を読んで気づくことは、やはり涼宮ハルヒシリーズとの連続性であろう（あとで紹介するが、原作者もそのことは認めている）。どちらの物語も、「しらふ」の男子高校生が視点人物として設定されている。キョンはかつて実写系のヒーローものにはまっていた経歴を持つ（おそらく、もともとオタクだったはずだ）。『中二病でも恋がしたい！』の語り手、富樫勇太も元中二病であり、キョンと同じく勇太もまた、すでに卒業している。現在の二人にとってオタクであったこと、あるいは、中二病であったことは、恥ずかしい過去であり、卒業後の普通の生活にこそ充実した人生が待っていることを、二人は自覚している。そして、その自覚を価値軸として、二人は風変わりな少女たちの奇天烈な言動にあれこれ口をはさむことになる。

もちろん、ちがいもある。キョンと富樫勇太を比べた場合、オタクの、あるいは中二病の卒業の程度にかなりの違いがある。キョンの場合、オタクである状態から絶対的に卒業している。昔の病がぶり返すような姿は一切、描かれていない。そして、徹頭徹尾しらふであるキョンは、自分の価値観、人生観、世界観の側に涼宮ハルヒを引き寄せることに成功している。最終的にハルヒは、キョンの世界観を共有する形で、普通の学生生活の中に

「特別」な価値を発見していくことになる。

一方、富樫勇太の場合は少し事情が異なる。これから詳しく見ていくことになるが、勇太の場合、中二病であることを恥ずかしいと思ってはいるし、表面的には卒業しているものの、実は、いまだ中二病的嗜好を濃厚に抱えている。ここに、この作品が涼宮ハルヒシリーズのパロディー作品でありながら、異なる物語が展開されることになる余地が確保されている。


次に、この物語のヒロインである小鳥遊六花について見ていくことにしよう。

アニメ版には登場しないが原作の冒頭近くにおいて、富樫勇太のクラスメイト、一色誠（いっしき）の口を通じて、六花は「顔は、そう、イメージを例えて言うならば、現世に現れし、ファーストチルドレン！　いや、対有機生命体コンタクト用ヒューマノイド・インターフェース！　というくらい無感情系で無表情な色白美少女だと言えるな。そして、あのいつも身に着けている眼帯もチャームポイントとなって、より一層小柄な顔立ちを演出していると言えよう」と紹介されている。

「ファーストチルドレン」、「対有機生命体コンタクト用ヒューマノイド・インターフェース」みたいな無感情と無表情の持ち主というのだから、キャラクターの系譜から言えば、小鳥遊六花は『新世紀エヴァンゲリオン』の綾波レイや涼宮ハルヒシリーズの長門有希の流れを汲んでいることになる。実際、作者の虎虎自身、第一巻の「あとがき」で「このお話が出来るきっかけのお話ですが、そう、お察しの通り某無表情キャラが好きで（こんな話をして大丈夫なのかなと不安に思いながら）、そんな子が活躍するお話が描けたらいいなと思ったのがきっかけです」と語っている。

しかし綾波レイや長門有希と決定的にちがうのは、たとえば長門有希の場合、「対有機生命体コンタクト用ヒューマノイド・インターフェース」そのものであるのに対して（現実世界から切断されたSF的、あるいはファンタジー的世界の登場人物であるのに対して）、小鳥遊六花の場合、みたいな存在として設定されているところにある。涼宮ハルヒシリーズと異なり、パロディー作品である『中二病でも恋がしたい！』は、物語の世界がフィクショナルな世界からリアル・ワールドにスライドされている。だから、どれほど非現実的な設定が出てこようが、どれほど超人的な能力が出てこようが、それは中二病、言いかえれば、自意識過剰や勘違い、空想以外のものではありえないわけである。

六花の不可解な言動について象徴的なエピソードをいくつか拾ってみよう。

まず外見について言えば、六花はいつも右目に眼帯をはめ、手首から肘くらいまで包帯を巻いている。この意味不明のファッションも中二病と密接に関係している。選ばれし勇者である証（彼女の右目には「邪王真眼」という特殊な能力が備わっていることになっている）を他人に見られないよう隠すために、眼帯をはめ、包帯を巻いているというのが、六花の主観的設定である。

六花がはじめて勇太に出会った場面もかなり常軌を逸している。その際に六花が勇太にかけた言葉は、「貴方を見つけるために…幾星霜の刻（とき）を経て、私は此処（ここ）に来た。闇の霊魂を共有する魂のソウルメイツ」、「悠久の過去、あなたと私は出会っている。あなたを見た瞬間、その因果をこの邪王真眼が教えてくれた。だから接触のチャンスをうかがっていた」というものであった。そして、六花は眼帯を外す。すると金色のカラーコンタクトをはめた右眼が現れ、「これで貴方とは契約完了」と語る。六花の主観的設定においては、カラーコンタクトがはめられた彼女の目と勇太の目が合うことで、何らかの超越的な力を媒介として、二人が強い絆で結ばれたことになっている。

勇太は、無意味に難しい言葉を会話の中にちりばめる六花の様子から、彼女が中二病であることを察知する。しかし、普通の人間が見たら驚きあきれるしかない六花のさまざまな言動に対して、勇太は理解と同情を示し、優しさをもって受けとめている。彼も元中二病であり、だから現中二病である六花の気持ちが理解できたからだ。

物語には、六花の中二病に触発されて、勇太自身がふたたび中二病の世界に戻りそうになるエピソードが記されている。たとえば、Ⅰ期二話には勇太が六花の部屋を訪ねた際にモデルガンを見つけ、うれしさのあまり遊びはじめるエピソードが登場している。また、

Ⅰ期一話では中二病時代のおもちゃを妹が引っ張り出してきたので、それを捨てようとする勇太と六花が次のような会話を交わしている。


(勇太)「ゴミなんだから勝手に出してきちゃやだめだって言ってるのに」

(六花)「ゴミ？」、「それはダークフレイムマスターの命なの」

(勇太)「だから言ってるだろ。俺はそういうのもうおわりにしたの」

(六花)「どうして？」

(勇太)「恥ずかしいから」

(六花)「かっこいい」

(勇太)「かっこよくない。これっぽっちもな」、「だいたいなあ、あんなことやったって何の意味もないんだぞ。闇の炎も暗黒龍も存在なんかしないのに。それをばっかみたいに」

(六花)「ある、力はある」

（勇太）「ないよ」
（六花）「ある」
（勇太）「あのなあ…」
（六花）「ある、だから捨てないでほしい」

ここまで会話が進んで、勇太は「誤解するなよ、さすがに捨てるのはもったいないと思っただけだ」と言いながら、中二病時代の思い出の詰まったおもちゃたちを捨てることを諦め、片づけはじめることになる。おそらく勇太は、中二病現在進行形の六花を傷つけてしまうことを恐れたのだ。第三者から見れば理解不可能で奇妙な空想であったとしても、右目に邪王真眼なる特殊能力が宿るという六花の中二病的設定は、彼女にとっては存在理由そのものだった。その背景には六花のとても繊細でナイーブな内面世界が広がっているはずで、元中二病である勇太はそのことに気づくことができた。だから、六花を傷つけることがないよう、さまざまなアイテムを捨てることを断念したわけである。

アニメ版には登場していないが、原作にも元中二病である勇太が六花のよき理解者であったことを暗示するエピソードが繰り返し登場している。たとえば、六花と接点を持つようになった勇太が次のようにつぶやくエピソードが原作には登場している。

「ちょっと待て…」ふう…、ここで一息入れないと俺も危うく再発しそうな勢いがこいつにはある。喉元には「な、何、貴様が俺の契約者だと…?! クク…こんな身近に居たとはな。さあ、どうする? セカイでも潰しにイくか?」みたいな台詞が出掛かっている。相当やばい。

このように富樫勇太もまた実は、中二病を脱しきれてはいなかった。だからこそ彼は「こいつは俺と同じ臭いがする」、「同属と言うか、シンパシーを感じると言うか、それこそ本当に小鳥遊の言う、共鳴者なのかもしれないと自分で思ってしまう」とつぶやくことになる。

片目だけにはめた金色のカラーコンタクトのエピソードにしても、六花にとっては、それは選ばれし勇者の証であるわけだが、勇太はただのコンタクトであることを知っている。しかし、「カラコンか？」と聞くのは無粋なことであり、彼は「なんとなく聞かないほうが良いのではないかと思い直して聞かない」ことにした。彼女が信じる世界にひびが入り、その結果として、彼女を傷つけてしまうことを恐れて、その事実を指摘することを思い止まったわけである。徹頭徹尾、常識的視点からハルヒを眺め、リアルな人生観をもってコメントし続けたキョンに対して、勇太の六花に対するまなざしは優しさに満ちている。勇太はよき理解者として六花に接しており、だから六花に対して、中二病であることをたしなめる場面でも、「ああ、俺も二年前は同じようなことをしてたのさ、だからわかるよ。自分設定を他人に説明したり強要したりすることは。楽しいもんだよな。ただな、先輩の意見としては早めにやめるのが吉だと思うぞ」と語ることになる。六花の内面なりに寄りそい理解を示しながらも、勇太は彼女のために、中二病から脱出しないといけないとここで諭している。

孤独をめぐる病

ある日、数学のテストでひどい点数をとってしまった六花を見かねて、先生は彼女に数学の勉強を教えるよう勇太に指示する。これをきっかけに二人の距離は徐々に縮まっていくことになるのだが、その過程で見えてきたのは、同じ学校の中等部に通う中二病仲間の女子中学生「デコ森」と姉以外には、誰とも連絡を取り合うことがない、六花の孤独な姿だった。また、I期六話には高校に入学して三ヶ月も経つのにクラスに溶け込もうとしない六花に向かって勇太が「お前さあ、もう七月だよなあ」、「少しは他の奴とも話してみろよ」と話しかけるエピソードも登場している。

このような六花の孤独な姿は原作にも描かれている。アニメ版には描かれていないのだが、原作には、誕生日なのにいつも誰にも祝ってもらえず、六花が一人で過ごしてきたというエピソードが登場する。そしてそれを知った勇太の様子が原作には次のように描かれている。

誰の誕生日だったか忘れそうになったが、これは六花本人の誕生日である。なのに六花は、自分のバースデーに自分でバースデーケーキを作っていたというのか。やっぱり、ずっと一人だったのだろうか。家でも一人で、学校でも、一人で…。（中略）もし俺があの時、理解してくれる人がいなければ、俺もきっと一人だったんじゃないかと思えてしまう。だからだと思う。この時、六花の幸せそうな姿を見たから、俺の口からこんな言葉が出てきた。「あのさ、俺、頑張るから、ちゃんと勉強しような」六花の理解者には俺がずっとなってやる、ずっと一緒だ、と心の中だけで付け加える。

勇太だけが六花の唯一の理解者でありうるのは、彼もまた中二病であったからなのだが、ところが、従来において、広い意味でのオタク系文化については、しばしば自我の孤立化との因果関係が指摘されてきた。たとえば、東浩紀は「かつては、共感の力は社会を作る基本的な要素だと考えられていた。近代のツリー型世界では、小さな物語（小さな共感）から大きな物語（大きな共感）への遡行の回路が保たれていたからである。しかし、いまや感情的な心の動きは、むしろ非社会的に、孤独に動物的に処遇されるものへと大きく変わりつつある」と論じている。[1] ちなみに、ここで言う「動物」とは、空腹を感じれば食べ物を求めるような単純な欲求の持ち主というほどの意味である。私がどれだけ食べても満腹感が個人の範囲を超えて、他の誰かの食欲を満たさないのと同様に、オタク趣味も個人の範囲を超えることはないと、ここで東は言っているわけである。

それはともかく、このような東の指摘を踏まえるならば、六花が味わった孤独感について理解することが可能になる。もちろん、私たちの日常生活の延長上で考えれば、突然、中二病に罹った少女が理解不可能な存在でしかないであろうことは容易に想像できる。むしろ、ここで問題にしたいのは、そのような中二病、あるいは広い意味でのオタク系文化と孤独との関連性である。中二病とオタクは厳密には別ものだが共通するところも多い。

東の指摘を踏まえるならば、オタク系文化は、社会との連帯へと発展していくような、マスとの回路を内包しているものではなく、むしろそれとの断絶を特徴としている。オタク系文化の外部にあるような他者にとどまらず、同じオタク同士であっても、ジャンルが異なる場合は（たとえば、フィギュアの愛好家と鉄道マニアとの間では）、お互いが理解しあうことはない。他者や社会との連帯の回路が閉ざされている点では中二病も同じであろう。だから六花は孤独を余儀なくされている。オタクにせよ、中二病にせよ、孤独というリスクを負わざるをえない点では同じである。

そして、さらに勇太は六花が家庭内でも孤立していることに気づくことになる。

まず、原作から見てみると、ある日、六花は勇太に向かって、家族とは別居中であることと、問題は自分の側にあり、「六花の行動が気に入らないということで親がこのアパートをあてがって別居を強制させているということ」を語る。

六花がどのような家庭環境に置かれているのか、原作にははっきり描かれていないが、遠足に行った時、六花だけが行方不明になるエピソードの中に、暗示的に記されている。やっと六花を見つけ出した勇太が「どうしたんだ？　なにかあったのか？」と話しかける。すると六花は、「魔界に行きたかっただけ」、「さっき、お父さんがこっちの世界にいたような気がした。だから付いて行った。お父さんは今、魔界に居るから」、「お父さんは…もういない。魔界に行くって言ったまま、帰ってこない。絶対帰ってくるって言ったのに」、「でも、さっき、本当にお父さんが見えた。だからもしかして、と思ったけどやっぱり無理だった」と、勇太に答える。

このエピソードは、六花が抱える複雑な家庭事情を暗示している。「お父さんがこっちの世界にいたような気がした」というのだから、ふだんはあちらの世界にいる、ということになる。ここから連想されるのは父親の死である。おそらく六花は父親が住む（と彼女が信じる）死者の世界を「魔界」と呼んでいる。そして、六花は今でも父親を深く愛しており、日常の生活の中でも時々、その存在を身近に感じることがある。その時、突然の父親探しが始まる。遠足で六花の姿が消えるエピソードは、このような彼女の生い立ちや心象風景を暗示している。

　以上のような六花の内面が彼女の中二病となんらかの関係があることは間違いない。しかし、原作ではそれほど詳しくは語られていない。お父さんが死んでしまい、その孤独から自分を精神的に守るために中二病になったらしいと想像できる程度である。

　ところがアニメ版では父親の死と、それをきっかけとして深い孤独を抱くようになった六花の姿が、原作よりもかなり詳しく描かれている。夏休み、六花が勇太や仲間たちといっしょに、彼女の実家に帰省するアニメ版Ⅰ期七話がそれである。このエピソードでは、中二病になり一人暮らしを始めるまでの六花の過去が、姉の十花(とおか)の口を通じて語られている。

「ちょうど三年前だ、あいつが小さかったこともあって、パパは六花にだけは言わないでほしいって言ってな。だから、六花にとって、パパの死は、何の前触れもないもので、そのせいか、あいつはいまだにパパの死を認めようとしない。かたくなにここ（筆者注、六花の父親の墓を指す）に来ることを拒んでいる」という十花のセリフがそれである。六花が中学生の頃、父親が余命宣告をされたが、家族は彼女には知らせなかった。それゆえ六花にとっては、心の準備のない状態で、父親の死が突然訪れることになってしまい、いまだにその現実を受けとめることができないでいた。

さらにこのエピソードでは、父親の死後、母親が子どもたちを残して出て行ったこと、そして六花と姉は祖父母の家に預けられることになったことが十花の口を通じて語られる。しかし、「じいちゃんは真面目な性格で、ああいう六花がどうしても受けいれられなくて」、結局、六花は父の死、母の失踪に加えて、祖父の無理解にさらされることになった。

また、アニメ版Ⅰ期七話には、このような六花の置かれた状況が彼女の口から勇太に向かって説明される場面も挿入されている。といっても、中二病の言葉で説明されているので非常にわかりにくいのだが、そのセリフは次のようなものである。


そもそもここは私の拠点ではない。むしろ、管理局が本部を置く拠点…二年前私はここに連れてこられた。一見何事もない座敷、しかし、ここには不可視境界線の存在を無効化する結界が張られている。精神攻撃および負荷が増大。だから私は脱出した。

この結界を破るのが必要だった、邪王真眼の力が…。

ここに登場する「管理局」は祖父母の家を、「二年前私はここに連れてこられた」は、父親が死に、母親が失踪したことをきっかけに、祖父母に引き取られたことを意味している。Ⅰ期七話に登場する六花の「パパがいなくなったその夜見えたの。境界線を越えてパパが見えた。私に見えた。だからまだここにいるの。境界の向こうから私を見ている」というセリフを踏まえてみると、「不可視境界線」とは、父親が今、存在している（と六花が信じる）別世界と現実世界の間の境界線を意味していることがわかる。とするならば、それを「無効化」する「精神攻撃」とは、父の死を否定せずに受けとめるよう、祖父母が迫っていることを意味していることになるだろう。

岩宮恵子は中二病について、ファンタジーの世界にアイデンティファイすることで、超越的な存在に与えられた運命を生きている「私」を空想上で構築し、日常における経験自我と理想自我の葛藤を解消しようとする営みであると指摘している。[2] これを六花にあててはめるならば、経験自我は父の死と母との別離によって肉親の愛情を失い、孤立化した「私」。理想自我は、父母とともにあったかつての私ということになる。その葛藤を解決する手段が中二病であるとするならば、「この結界（筆者注、父の死を受けいれるようせまる祖父の重圧）を破るのが必要だった、邪王真眼の力が…」という六花のセリフに登場する「邪王真眼」とは、死んでしまった父の住む世界と現実世界との間にある「不可視境界線」を発見する力、そして向こう側の世界にいる父を発見する力であったことになる。

アニメーション作品のセリフなので、厳密に読み込めば解釈の幅は広いようにも感じるが、いずれにせよ、六花は「邪王真眼」を宿すことではじめて父親とつながることができると信じている。しかしその中二病が、祖父の無理解や学校での孤立を六花にもたらすことになってしまった。中二病は六花を精神的に救済してはいるが、現実領域のみを見れば、彼女の孤立を一層深刻なものにもしている。

中二病という共同体

やがて勇太は、六花に対して恋愛感情を抱きはじめることになるのだが、勇太が六花にとって唯一無二の存在でありえたのは、何よりも勇太が元中二病であることで、現中二病患者、六花の奇癖を理解しえたこと、その結果として、六花の中二病の背後に潜む彼女の孤独や心傷をもきちんと受けとめることができたことによる。アニメ版にはそんな勇太の姿を伝えるエピソードがいたるところに登場している。たとえば、Ⅰ期七話では勇太が「いいのか不可視境界線を探しに行かなくても」と六花に話しかける挿話がある。

(六花)「ほんとう？」
(勇太)「うそ言ってどうする」
(六花)「だってママもおねえちゃんもじいちゃんもばあちゃんも」

（勇太）「だから俺だったんだろ」

このセリフからはすべての事情を察した上で六花を受けいれようとする勇太の姿が浮かび上がってくる。六花は、父親の死を受けとめられず中二病に走った結果、家族の中で孤立してしまい、一層の孤独に追い込まれてしまった。だから六花が自分を必要としていること、自分だけは六花の孤独や心傷を理解しなければならず、六花もそれを求めていることを、勇太は正確に理解している。そして、勇太は六花とともに生きることで、彼女を今の境遇から救い出し、守り抜こうと決意するのである。

まだ、I期一〇話ではイタリア行きが決まった姉の十花が、一人ぼっちになる六花と母親がふたたびいっしょに暮らすことができるよう、勇太に相談するエピソードが描かれている。そして二人は次のようなやりとりを交わすことになる。

（十花）「たのむ。なんとかしてくれ。お前が言えばきっと聞く。まともになれってお前が言えば」

（勇太）「六花は充分まともです。あいつにとってあの眼帯は身を守る鎧なんじゃないかって思うんです。きっと六花はわかってるんです、全部。でもどうしようもないモヤモヤがあって、だからああしてるんです。あの姿をすることであいつは守ってる」

（十花）「何を？」

（勇太）「わからないですよ。でも、たぶんなかったことになるのが嫌なんです。十花さんやおかあさんの言うことを聞いて飲み込んでしまったら全部終わってしまう。それがいやなんです」

（十花）「終わって何がわるい」、「境界線も邪王真眼もないいんだぞ。パパはいくら探そうが会えない。あいつの言うことを肯定して何が解決する。あいつが求めているものは永久に手に入らないいんだぞ」、「それを肯定するのは無責任だ」

ここには、中二病を終わらせ、父親の死を受けとめることを六花に迫ろうとする姉、十花と、六花の唯一の理解者である勇太が、きわめて対照的に描かれている。

勇太の目には、六花の中二病は、父親の死を受けとめきれず現実から逃避したというようなネガティブなものではなく、死者を生者の世界に留めておこうとする絶望的な努力のように映っていた。I期一二話には、「全然実感がなかった。自分の心が追いついていなかった。だって私はすぐ治ると思っていたから。パパが亡くなる朝までずっと」という六花のセリフが登場する。父親が不治の病であることを知らされていなかった六花は、突然の父の死を受けとめることができないでいた。勇太によれば、その受けとめきれない自分の内面を全身で表現したのが彼女の中二病だったのだ。受けとめきれないと言えば、現実を直視することを拒む逃避的な態度のようにも思えるが、六花にしてみれば、その受けとめきれないでいる気持ち、「モヤモヤ」に正直であることとは、死んでしまった父親を生者の世界につなぎ留めることを意味していた。父親を死者の世界に行かせないため、六花は、家族から孤立しようと、周囲の無理解にさらされようと、邪王真眼を宿し、不可視境界線の向こう側に父の姿を探すしかなかったのである。

　しかし、結局勇太もまた、六花の母親に出会ったことをきっかけに、六花に中二病を卒業するよう勧めてしまう。六花は勇太の忠告どおり、中二病から卒業し、父親の死を受けとめ、田舎に帰って父親の墓参りをすることになるのだが、それは彼女にとってはこの世界における唯一の理解者を失い、孤独の中に帰っていくことを意味していた。

　結果、祖父母の家に帰った六花がふたたびもどることはなく、勇太の前から姿を消してしまうことになる。このことに気づいた勇太が、深夜、自転車に乗って六花を迎えに行くというのが、Ⅰ期の結末なのだが、その途中で、勇太は二人と同じサークルの「くうみん先輩」から、六花がはじめて勇太に出会ったのは、高校に入学してからではなく、そのずっと前、父親が死んでしばらくしてからのことだったこと、六花は偶然、中二病ごっこをしていた勇太を目撃し、それから毎日、六花は隠れて勇太の中二病を憧れをもって眺めていたことを知らされる。そして、「くうみん先輩」は最後に「六花は中二病に救われた女の子」、「富樫君を見て中二病とその思いの強さに憧れた女の子。あなたの力に魅せられ、あなたのまねをしようとした女の子。だから富樫君だったんだよ。だから富樫君じゃなきゃだめだったんだよ」と勇太に告げる。

このように、物語のラストにおいて、そもそも六花が中二病になったきっかけを与えたのが勇太自身だったことが明かされることになる。

キョンのハルヒに対する態度と比べて勇太の六花に対する態度が限りなく優しく感じられるのは、六花がこれまでの人生で負った心の傷、そしてその結果として彼女が中二病となってしまったことを、理解しうる能力を勇太が持っていることによる。だから、勇太は彼女に「居場所」を与えることができたのだ。

むろん中二病的な虚構世界に自分の居場所を見出しても、実人生においては孤独であることには変わりはない。風変わりなファッションや言動は一層の孤独を招くこともあるかもしれない。しかし、もし同じ虚構世界を共有してくれるような生身の他者に出会ったなら、また話は別である。擬似的な関係であったとしても、そこには他者との関係性が構築されるからである。そうなれば、中二病の空想世界に「居場所」を求めたとしても、それは社会そのものからの孤立ではなくなる。彼または彼女が参加する共同体が、たまたま、多数が参加しているような常識的な社会とは異質であったというに過ぎない。他者とともにある中二病は、社会の代替物としての共同幻想にもなりうる。[3]

六花は、勇太が自分を孤独から救済してくれるであろう存在であることを、はじめから見抜いていた。アニメ版では、冒頭で勇太のアパートの上の階に部屋を借りた六花が、ロープで勇太の部屋の外のベランダに降り立つ姿が描かれている。そしてのちになって、勇太と知り合いになるために、六花がわざわざそうしたことが明かされることになる。彼女ははじめから勇太が自分の理解者になりうることを確信していた。おそらく六花は、中二病的な世界に生きている自分をしっかり意識しながら生きており、だからこそ、彼女は、中二病の中にある私も、中二病に向かわざるをえない私も俯瞰した上で、勇太がどちらの自分も理解し受けとめうる存在であることを見抜いている。

中二病と聞くと、一般的には孤立した精神が主観的な宇宙に閉じこもっているようなイメージを抱く。しかし、この物語は最終的に、それとはまったく逆の可能性、あるいは、ベクトルを中二病のイメージに付与している。外的要因によって傷ついた心を抱かざるをえなくなった思春期の少年少女たちが心の中に構築した想像上の避難所が中二病的世界であるならば、その根本的原因を理解しうるような生身の他者が、その世界にともに参加することによって、彼ら彼女らが孤独から救済されることも起こりうる。

中二病という私的空想を他人に対して開いて見せ、その誰かと同じ世界を共有することができれば、それは他人とコミュニケーションを行う上でのコードにもなりうるのだ。斎藤学は思春期における「キャラ」の問題について、「キャラはコミュニケーションをスムーズにする反面、自分のキャラを逸脱した行動を抑圧するという副作用を併せ持つ。つまり、忠実にキャラを演じ続けることで、人格的な成長や成熟が抑え込まれてしまう可能性があるのだ」と言っているが[4]、小鳥遊六花について言えば、このような斎藤の指摘は当たらない。六花は中二病というコミュニケーション・ツールを媒体として勇太と精神的に結びつくことに成功し、これをきっかけとして、最終的には、中二病であらざるをえなかった彼女の過去、これまでの人生、あるいは存在そのものが、勇太によって承認されることに成功しているからである。六花にとって、「私」があるキャラクターであることを他者に理解されることは、そのキャラクターを選ばざるをえなかった「私」という全存在が受けいれられることをも意味している。中二病という私的空想を媒介として勇太という他者とつながることで、六花の空想世界は、恋人関係というミニマムの居場所（擬似社会）へと拡大しえたわけである。この物語において中二病は、生身の他者と出会い孤独から救済されるための突破口になりえている。六花と勇太は、そのような逆説的な可能性を僕たちに教えてくれるのである。

注

1　東浩紀『動物化するポストモダン』講談社現代新書　二〇〇一・一一

2 岩宮恵子『フツーの子の思春期』岩波書店 二〇〇九・四

3 中島梓『コミュニケーション不全症候群』ちくま文庫 一九九五・一二

4 斎藤学『「家族」という名の孤独』講談社＋α文庫 二〇〇〇・九

Ⅳ　いまどきの教養小説(ビルディング・ロマンス)

『響け！　ユーフォニアム』

留学生たちのジャパニメーション

本書を執筆している間、外国人留学生と話す機会があるたびに、かならず、「日本のアニメは何か見たことがあるか?」、「好きな日本のアニメやマンガは何か?」と質問を繰り返してきた。そもそも日本に興味がある、とくに若い人はかなり高い確率で、日本のマンガ、アニメ、ゲームに興味を持っているので、この質問には誰もが好意を持って答えてくれた。台湾は専門チャンネル(「Animax」のこと)が入っているので、誰もが日本のアニメに詳しいことはうなずけるのだが、意外なことに、負けず劣らず中国人もかなりの情報を持っていた。仮面ライダーに憧れるマレーシア人に出会ったこともあった(口ぶりから、マレーシアでも『仮面ライダー』が放送されている様子だった)。「好きな日本のアニメは?」と聞くと男女を問わず、『ONE PIECE』や『NARUTO―ナルト―』、『ジョジョの奇妙な冒険』と答える外国人留学生が多かったような気がする。やはり、ジャンプ系は海外でも強い(しかし、なぜか『銀魂』と答えた外国人には、僕は一人も出会うことはなかった)。もちろん、それは彼らがジブリや『ドラえもん』を見たことがないことを意味するわけではない。このあたりの事情は日本と同じで、とくに東アジアの子どもたちは、物心がついたときから、ずっと『ドラえもん』や『となりのトトロ』を見て育っているので、留学生たちにとっても、好き嫌い以前の、空気のような、当たり前の存在になっているようだった。

自由と責任というリスク

『響け！　ユーフォニアム』は二〇一五年四月から七月まで放映された。また二〇一六年一〇月より、Ⅱ期が放映されている。原作は、武田綾乃による同名の小説で、宝島社文庫より二〇一三年一二月に刊行されている。現在、原作の小説は第三巻まで刊行されているが、京アニによるアニメ版Ⅰ期は、第一巻までの内容を映像化したものである。

ストーリーはだいたい次のようなものである。物語は主人公の黄前久美子が、北宇治高校吹奏楽部へ入部するところから始まる。久美子は同じクラスの川島緑輝、加藤葉月とともに低音パートに配属されることになる。そして、久美子が中学時代、同じ学校で吹奏楽部に参加していた高坂麗奈も北宇治高校吹奏楽部に参加していた。中学三年生の時、久美子や麗奈は関西大会出場を逃したことがあった。その時、高坂麗奈は、「くやしくって死にそう。なんでみんなダメ金（筆者注、金賞は取ったが地方大会参加校に選ばれなかった、といぅほどの意味）なんかで喜べるわけ。私たち本気で全国目指してたんじゃないの」と涙を流すが、そんな麗奈に向かって、久美子は「本気で全国いけると思っていたの？」と言ってしまう。久美子はいまだにそのことを気にしていた。

四月、吹奏楽部の新しい顧問、滝昇は、一年間の活動の方針を決めるよう部員たちに迫り、吹奏楽部は全国大会出場を目指すことを活動の方針とすることになった。トランペット・パートではソロ奏者に一年生の麗奈が選ばれるが、ソロ・パートを諦めることができない三年生の中世古(なかせこ)香織がもう一度オーディションをしてほしいと願い出る。そして、部員たちの前での再オーディションの場面で、香織は麗奈との圧倒的な実力差を見せつけられることになり、麗奈にソロを譲ることになる。

翌日のコンクールでは久美子たち北宇治高校は金賞を受賞するが、関西大会進出を果たしたのかどうかは、アニメ版Ⅰ期では、はっきりとは描かれてはいないままに終わっている（原作ならびにアニメ版Ⅱ期では久美子たちは関西大会への参加を成し遂げた場面がはっきりと描かれている）。

原作とアニメ版を比べてみると、物語の大枠はほぼ同じだが、原作に登場する個々のエピソードは取捨選択される形でアニメ版に取り込まれており、しかもそれらが登場する順番にも変更が加えられている。セリフも改変されている箇所が少なからず見られる（たとえば、原作では登場人物のセリフは関西弁になっているが、アニメ版は標準語になっているなど）。もちろん原作には登場しないエピソードやセリフも見られる。

とくに久美子が麗奈の姿を近くで眺めている内に精神的に成長していく様子は、アニメ版ではかなりのインパクトをもって物語の前面に押し出されている。図式的に言えば、アニメ版『響け！ ユーフォニアム』は、何に対しても冷めた目で見ていた久美子が、麗奈との交流や部活でのさまざまな経験を経て、真剣に吹奏楽に取り組むようになるまでのプロセスが、メイン・ストーリーを形作っている。

あるいは、この物語は、久美子という「さとり」世代の中にある女子高校生が、「脱さとり」へと足を踏み出す物語である、とも言いかえることもできるかもしれない。『けいおん！』『Free!』とは異なり、『響け！ユーフォニアム』では、「居場所」の中に安心感を得ることを断念し、孤独と責任を引き受け、「個」を確立していく物語が描かれている。吹奏楽部はそのための試練の場であり、顧問の滝先生は厳しい指導を通じて主人公たちが自我を確立していく手助けをしている。

たとえば、I期二話で滝先生は吹奏楽部員に向かって、「私は生徒の自主性を重んじるというのをモットーにしています。ですので今年一年指導していくにあたって」、「まずみなさんで今年の目標を決めて欲しいのです」と語るエピソードが登場する。ここで滝先生が言う「自主性」とは、生徒が自由気ままにやりたいようにやってもよい、という意味ではない。自分で何かを判断し選択したならば、そのリスクも結果に対する責任もすべて自分で背負わなければならない、という意味である。この言葉に続いてさらに滝先生は、「みなさんが全国を目指したいと決めたら練習もきびしくなります。反対にたのしい思い出をつくるだけで充分と言うなら、ハードな練習は必要ありません」、「自分で決めてください」と続ける。滝先生はここで「憧れる」ことと「選択する」ことをはっきりと区別している。「憧れる」というのが空想の領域の出来事であるとするならば、「選択する」とは現実領域の出来事である。全国大会を目指すことを「選択する」のならば、その過程にともなう様々な困難や結果に対する責任も、いっしょに引き受けなければならない。

多数決で全国大会を目指すことが決まると、さらに滝先生は「今の目標はみなさん自身が決めたものです。私はその目標に向かって力をつくしますが、努力するのはみなさん自身、そのことを忘れないで下さい」と部員たちに語る。もうわかると思うが、滝先生の言う、生徒の「自主性」を尊重する態度とは、自由であると同時に責任の主体でもあるような、個人として生徒をあつかう、というほどの意味なのである。

同じ顧問でもこのような滝先生の姿は、『けいおん！』の山中さわ子先生とはまったく異なる。山中先生は元ロッカーであり、しかも、大人に反抗する若者文化としてのロック・カルチャーの中にあった。だから、彼女にとって、「ほんものの人生」とは、大人として社会に参加する側にあるのではなく、大人社会のアウェイの側にある。そのような山中先生にとって軽音部は、教育者という「かりそめの私」から一時、逃避し、「ほんものの私」

に戻る場所としてある。
つまり、唯たちに成長されては山中先生は、ほんとうの自分をさらけ出す場所を失ってしまうことになるわけである。一方、滝先生は、自由と責任の主体である個人として、部員たちが自立することを求めており、この点で二人の部活に対する姿勢は、真逆のものとなってしまっている。

それはともかく、主人公の久美子はというと、全国大会を目指す側にも目指さない側にもどちらにも手を上げることはなかった。吹奏楽部の先輩で幼なじみの葵はそんな久美子に対して、「どっちにも手を上げなかった誰かさんが一番ずるいんじゃやない？」と声をかける。しかし、葵に言わせれば、全国大会を目指す方に挙手した他の部員も久美子と同じようなもので、「みんな、なんとなく本音を見せないようにしながら、一番問題のない方向をさぐってまとまっていく。学校も吹部も。先生も生徒も」、「そうしないとぶつかっちゃうからだよ。ぶつかってみんな傷ついちゃう」と語っている。

全国大会を目指すといっても、みんなが本気でそう思っているわけではなく、場の空気を読み、みんなの意見がぶつからないように気をつかった結果として、とりあえず、全国大会を目指す方に挙手したにすぎなかった。さきほど、自分も相手も傷ついてしまうような関係を回避する「優しい関係」[1]について言及したが、北宇治高校吹奏楽部もまた滝先生が着任するまでは、そんな「優しい関係」が支配的であった。そして、主人公の久美子もまたその中にあった。

このエピソードでとくに注目したいのは、滝先生の言う「自主性」と吹奏楽部を支配する「優しい関係」のギャップが、物語中にさりげなく描かれていることである。周囲の目を気にし、場の空気を読み、それに同調していく態度は、『響け！ ユーフォニアム』では、かなりネガティヴに捉え直されている。場に同調するとは、この物語においては、他人とぶつかり傷つけ合うことを恐れるあまり、自分の判断や価値観を封印してしまうことを意味している。そこでは、リスクも責任もないかわりに、選択する主体の自由、つまり「個」が存在することもない。現実領域とコミットすることが求められる「個」として生きることが許されない生存様式として、「優しい関係」は描かれているわけである。

他人にはない「特別」な価値を実現する生き方

そして久美子は、高坂麗奈との交流を通じて、徐々に「個」を獲得し精神的に自立していくことになる。Ⅰ期八話には、久美子と麗奈がお祭りに出かけ、山の上の公園から二人で会場を見下ろすエピソードが登場する。そこで久美子は麗奈と次のような会話を交わす。

（麗奈）「他人とちがうことがしたかったの」、「ねえ、お祭りの日に山に登るなんて馬鹿なこと、他の人たちはしないよね」、「私、興味のない人とは無理に仲よくなろうとは思わない。誰かと同じで安心するなんて馬鹿げてる。当たり前にできあがっている人の流れに抵抗したいの。全部は難しいけど。でもわかるでしょう。そういう意味不明な気持ち」、「私特別になりたいの。他のやつらと同じになりたくない。だから私はトランペットをやってる。特別になるために」
（久美子）「トランペットやったら特別になれるの？」
（麗奈）「なれる。もっと練習してもっとうまくなればもっと特別になれる。自分は特別な奴だと思っているだけのやつじゃない。ほんものの特別になる」

このセリフから、麗奈の言う「特別」が、滝先生が言う「自主性」と非常に近い場所に位置していることがわかるだろう。「誰かと同じで安心するなんて馬鹿げてる」、「他のやつらと同じになりたくない」という麗奈の言葉からわかるのは、彼女が他人との摩擦や葛藤を恐れず、むしろそれを通じて、他人と同調しない自分自身を確認し、「ほんものの特別」な自分になろうとしていることである。そして彼女にとって、「特別」な私になる手段こそがトランペットであり、その場所が吹奏楽部であった。

別な言い方をすれば、ここには涼宮ハルヒが最終的に到達した場所とは正反対の方向に向かおうとする麗奈の姿が描かれている。「特別」な人生を求めるハルヒの到達点は、どこにでもあるような平凡な日常の中にこそ人生の価値があるという態度を獲得していくところにあった。それがハルヒにとっての「成熟」であったわけだが、一方麗奈の場合、他人にはない「特別」な価値を実現しなければ、自分の人生は無意味なものになると信じている。そして、主人公の久美子も最終的にはそのような麗奈に導かれる形で「個」に目覚めていくことになる。

『涼宮ハルヒの憂鬱』から一〇年を経て、ベクトルが真逆の方向を指し示す成長の物語が語られはじめていることを、ここに確認することができる。あるいは『響け！ ユーフォニアム』では「さとらない」生き方、「未成熟」の積極性が語られているとも言いかえることができるかもしれない。

さて、そのような麗奈の「特別」への思いが、吹奏楽部内における葛藤を引き起こすエピソードとして登場するのが、トランペットのソロ・パートを決めるオーディションをめぐる挿話である。それまではコンクールの演奏メンバーは、初心者と一年生を外して、三年生を優先する形で編成されてきたが、今年度は滝先生の方針でオーディションによる選考を行うことになった。上級生からは不満の声が上がるが、滝先生は「難しく考えなくても大丈夫ですよ。三年生が一年生よりもうまければよいだけのことです。もっとも、みなさんの中に一年生より下手だけど大会に出たいという上級生がいればべつですが」と言って、その不満を抑え込んでしまう（Ⅰ期六話）。

ここにも、生徒の「自主性」を重んじようとする滝先生の姿勢が見え隠れしている。一年生だから参加できない、三年生ならできるというのは、個人の能力や実力が表面に浮かばないようにすることで部員間の葛藤や衝突を回避するための、目に見えない制度のようなものである。そこでは場の空気が優先されるあまり、「個」が埋没している。

個人が精神的に自立するためには、あるいは私が私自身に対して責任を負うためには、他者と比べられ、第三者による評価にさらされた時に浮かび上がってくる自分の姿を直視する覚悟が求められる。おそらく、そう滝先生は考えている。先輩後輩とか男女とか、社会的なネットワークの中で位置づけられた自分をすべて捨象した時に浮かび上がってくる、私という存在のリアルな姿に向き合い、それを引き受けていこうとする姿勢こそが、「個」の自立を意味すると、滝先生は考えている。

そして、オーディションの結果、当然のことながら、メンバーに選ばれた一年生もいれば、漏れてしまった上級生も出てくることになるわけだが、メンバー全員がその結果を素直に受けいれることができたかといえば、そういうわけでもなかった。とくにトランペットのソロ・パートをめぐるオーディションにおいて、一年生の高坂麗奈が選ばれ、パート・リーダーの中世古香織が選ばれなかったことは、二年生の部員も巻き込み、吹奏学部の中にオーディションに対する不満をくすぶらせる要因となってしまった。

そして、麗奈はオーディションの結果に不満を持つ上級生に向かって、「なぜ私が選ばれたか、そんなのわかってるでしょ。香織先輩より私の方がうまいからです」、「けちつけるなら私よりもうまくなってからにしてください」と言い放つことになる（I期一〇話）。

この物語に登場する人物の中で、麗奈だけが、滝先生が言う「自主性」をはじめから備えている。彼女は他の部員との摩擦も葛藤も孤独も怖れず、ひたすらに、他のメンバーとは決定的に異なる「特別」な私、凡庸な普通の人間とは異なる「特別」な価値を持った私になろうとしている。

このような麗奈の姿が浮かび上がるエピソードは、物語の中に繰り返し描かれている。たとえば、Ⅰ期一〇話では「ソロゆずる気は？」と尋ねる久美子に向かって、麗奈は「ない。ねじふせる。それくらいできなきゃ特別になれない」と言っている。

そして、香織の希望で再度行うことになったオーディションの直前、久美子と麗奈は次のような会話を交わすことになる（Ⅰ期一一話）。

（麗奈）「久美子は私が負けたら、いや？」
（久美子）「麗奈、いやだ、いやだ」
（麗奈）「どうして？」
（久美子）「麗奈は特別になるんでしょ」

（麗奈）「そうね」

（久美子）「麗奈は他の人とはちがう、誰ともちがう。他の人に流されちゃだめだよ。そんなのばかげてる」

（麗奈）「でも今、私が勝ったら悪者になる」

（久美子）「いいよ。その時は私も悪者になるから」


麗奈は自分が香織を押しのけてソロパートを吹くことになれば、三年生にとっての最後のチャンスを奪ってしまった悪者として、部の中で孤立することを自覚している。そのリスクを背負う覚悟をもって、麗奈が他とはちがう「特別」な価値を持つ自分であろうとしてたことが、ここからわかるだろう。

おそらくそのような麗奈にとっての吹奏楽部は、『けいおん！』の唯たちにとっての軽音部とはまったく異なる意味を持つ場としてある。唯たちにとって軽音部はだれかと感性の領域で同調し、だれかとともにあることの幸せを満喫する場所としてあった。『Free!』

の場合、競泳の競技会に参加しているので客観的には競争の場面に身をさらしてはいるが、主人公たちは、それと入れ子式の形で団体戦であるメドレー・リレーに参加する設定になっており、結果的に、この物語は、個人間の競争ではなく、それとは反対の、絆を主題とする物語となっている。勝利はあくまで深い絆と友情によって結ばれた結果に過ぎない。

一方、麗奈の場合、吹奏楽部は他者との同調率を高めたり絆を紡ぐことで孤独から救済されるためにあるのではない。彼女にとってのそれは、周囲との摩擦も辞さず、人並み外れた技能を手に入れることで、他人にはない「特別」な価値をもった自分を実現する場としてある。他者の評価にさらされ、他者との葛藤をも正面から受けとめつつも、自分の価値を実現しそれを他者に認めさせる場が、麗奈にとっての吹奏楽部であった。中島梓は、「オタク」とは『『自分の場所』を現実の物質世界に見出せなかった疎外されそうな個体が形而上世界のなかに自分のテリトリーを作り上げる」存在であると定義しているが、[2] もしそうであるならば、麗奈は明らかに反オタクである。

さて、物語の後半には、そんな麗奈の姿を目の当たりにした久美子が、徐々に「個」を確立していく姿が描かれている。たとえば、I期一二話には久美子が麗奈に向かって「私うまくなりたい、麗奈みたいに。私、麗奈みたいに特別になりたい」と語るエピソードが登場している。また、I期一二話には葉月、緑輝、久美子の三人が次のような会話を交わす場面もある。

（葉月）「久美子、最近、熱いよね。前はどっちかっていうとクールっていうか、醒めてるところあったのに」
（緑輝）「はい、今は月に全力で手を伸ばせって感じです」
（久美子）「月か。よくわからないけど、うまくなりたいって気持ちが前より強くなった気がする」

もちろん、久美子がより高みを目指して練習に取り組みはじめたのは麗奈の影響である。

そのことは久美子の「熱いのか、醒めているのか、そもそも今までの自分はどんなだったのか、とにかくあのオーディションの麗奈を見て、あの音を全身で受けとめてしまってから、私は完全に侵されてしまったのだ。うまくなりたいという熱病に」という言葉からもわかる（Ｉ期一二話）。

この時点で久美子は、『涼宮ハルヒの憂鬱』だけでなく、『けいおん！』をはじめとする従来の京アニ作品に登場する人物とは、明らかに異質な存在として成長しはじめている。

この物語では、「さとり」世代の感性や存在の様式が、かなり否定的に捉えなおされている。滝先生や麗奈の主観に寄りそうならば、さとっていては、自分の実力のなさや能力のなさを正面から突きつけられるような圧倒的な挫折感に出会うことはない。その時、人は成長が止まる。なぜなら、争わなければ、比べられることがなければ、私はいつまでも今のままでいることが許されるからである。

『響け！ ユーフォニアム』は、「さとり」世代として何事に対しても冷めた目で見ていた久美子が、滝先生によって用意された、「個」としての自立が求められる環境の中で、麗奈というロール・モデルと出会い、大人として成長していく物語として組み立てられている。そして、その成長とは、孤立や葛藤、辛苦など、自らの意志や判断にともなうリスクをすべて引き受ける覚悟を持ち、それによって他人に対して優越してあるような、自分だけに備わった「特別」な価値の実現をしていくことを意味しているのである。

教養小説（ビルディング・ロマンス）としての「脱さとり」

斎藤環によれば、かつて私という存在は、能力や才能、経済力や親の地位、家柄といった客観的な評価軸による「承認」が行われていた。そして、「承認」を行う上で必要とされるその評価軸こそが、かつての「居場所」だった。客観的な評価軸がしっかりしている場に身を置く限り、人は孤独を怖れる必要はない。なぜなら、周囲との絆が切断されたとしても、社会的評価という「大きな物語」に裏打ちされる形で、彼の人間としての価値や人生の価値は、確実なものでありえたからである。しかし、そのような客観的な基準は社会の変化の中で後退してしまった。その結果として「承認」は他者にゆだねられることになる。このような状況にあって「居場所」は客観性を喪失し、間主体的で流動的なものになっていく。他人との間に絆を取り結び、愛され思いやってもらえるという情緒領域の出来事として、私は誰かに「承認」されることになってしまったのだ。[3]

このような斎藤の見解を踏まえるならば、麗奈の「承認」の姿は、「さとり」世代以前のものであり、かなり古風なスタイルであるように見える。カリスマ性を持った滝先生という指導者によるオーディションという「大きな物語」の中で、麗奈は「特別」な存在として承認されることに成功している。

また、宇野常寛は『新世紀エヴァンゲリオン』以降、『〜する／〜した』という社会的自己実現の物語が退けられ、『〜である／〜ではない』という自己像への承認をめぐる物語への選択」がなされたと指摘しているが、[4] この物語に描かれた久美子の成長は、演奏がうまくなりたいという強い意志の目覚めとして、つまり宇野の言う『エヴァ』登場以前の形、『〜する／〜した』という社会的自己実現」への目覚めとして描かれている。

しかし、以前の世代と比べれば、「さとり」世代の中にある少年少女たちは、このような古いタイプの生存様式を目の当たりにする経験は、あまりなかったはずだ。彼らは他者との相互承認の中で「居場所」を確保し、対立や葛藤を避けつつ、おだやかな日常の中で生きており、その結果として、「個」の確立の機会を獲得できないままでいることが許されてきた。これが「さとり」世代の標準的な姿であるとするならば、この物語はあえてそれとは真逆の生き方を成長のモデルとして、物語の受け手である少年少女たちに提示していることになる。それは彼ら彼女らにとって古風であると同時に、新鮮な生き方でもある。つまり、この物語は「さとり」世代にむかって「さとらない」生き方を生の指針として提示しているわけである。

「さとる」ことが成熟であるとするならば、インターネットなどを通じて氾濫する過剰な情報の中で、多くの若者たちは実人生を何も経験することなしに、社会に参加する前から「さとり」の中で生きている。しかし同時にその「成熟」は、社会的な「承認」への欲求と挫折、他者との葛藤と和解の中で達成される社会的人格の喪失にもつながる。表面上の「さとり」とは裏腹に、社会的評価を逃れた場所に定位された自意識は、空想の領域でますます肥大化し、結果として現実への参加が一層困難となる（おそらくネット上における匿名性の氾濫もこれと無縁ではないだろう）。

生身の他者との対立と葛藤を繰り返し、社会的承認を求めて挫折することも精神的成長のためには必要であること、だから思春期にある少年少女も「成熟」を拒否して、まず「未成熟」であることからはじめるべきであること。「さとり」世代に向けたこの物語には、このようなメッセージが込められている。

『響け！ユーフォニアム』は『新世紀エヴァンゲリオン』以降主流になった、成長を拒む私を受けいれ、肯定的に描く物語とは真逆のベクトルを示している。その意味では、この物語はいまどきのビルディング・ロマンス、つまり教養小説と言うことができるのかもしれない。

注

1　土井隆義『友だち地獄』ちくま新書　二〇〇八・三

2　中島梓『コミュニケーション不全症候群』ちくま文庫　一九九五・一二

3　斎藤環『承認をめぐる病』日本評論社　二〇一三・一二

4　宇野常寛『ゼロ年代の想像力』早川書房　二〇〇八・九

あとがき

僕の自宅は滋賀県の南東部にある。京都大阪方面へのアクセスのよさから住宅開発が盛んに行われるようになった地域で、あたりは閑静な住宅地が広がる。

ところが、今から六、七年前、我が家の近所に、週末のたびに、見たこともない自動車が大量に押しかけはじめた。どんな自動車かというと、その自動車の群れはどれも、ボンネット、ドア、トランク、屋根などいたるところに萌え系のアニメ・キャラクターを、でかでかとペインティングしていた（こういう自動車を「痛車（いたしゃ）」と呼ぶ）。僕が見た自動車は秋田ナンバーだったから、この自動車のドライバーは、この車に乗って、秋田県から滋賀県まで走ってきたことになる。

当時、まだオタク系文化に対してまったく無知だった僕にとっては衝撃的な風景だった。

しかし、それは序曲に過ぎず、そんな車は週を追うごとに数を増し、最後には車列を作ってやってくる奴らまで現れはじめた。

一体こいつらは何者なのか、その真相を知ったのは市だか県だかの広報誌だったと思う。僕の自宅から自動車で三〇分くらい行ったところに豊郷町という町がある。その町に建つ、今は使われなくなった小学校の校舎が、あるアニメーション作品（それが本書でも取り上げた『けいおん！』）の舞台になった。その結果、週末になるとファンが押し寄せるようになり、豊郷町はブームを町おこしに利用しようとしている。そんな内容が書いてあったような覚えがある。そして、この時、はじめて僕は、「京都アニメーション」という若者の絶大な支持を集めるアニメ制作会社の存在を知ることになった。

しかし、この時は、それ以上は深く追求することはなかった。「なるほど、世の中にはそんな奴らもいるのだ」と納得して終わってしまった。僕が萌え系アニメに本格的に興味を持つようになったのは、実は二〇一四年に一年間、研究員として台湾のある大学に在籍したことがきっかけになっている。現地の学生と交流してわかったのだが、日本語学科に在籍する学生のだいたい半分は、ビジネス言語として日本語の修得を目指している学生、そしてもう半分は日本のアニメーションやマンガの熱心な愛好家。ようするにオタクだった。

僕の本来の専門は日本近代文学なのだが、宮崎駿についての著書を上梓したことがあり、現地での講演やら講義の依頼もほとんどがジブリに関するものだった。日本語や日本文化を勉強している現地の学生に森鷗外の話をしても興味関心を抱いているようにも見えず、なにやら困った様子だった。それが「宮崎駿の研究をしています」と言うと、「我非常喜歓龍猫」（私はとてもトトロが好きだ）などと、とてもうれしそうに話しかけてくれた。結局、そんな現地の空気に呑まれる形で、一年間、僕は彼らの期待に応えるべく、（日本近代文学の研究者としてではなく）宮崎駿「も」研究している日本人として、講義や講演を続けることになった。

海外では、日本文化とはアニメでありマンガでありゲームであって、漱石でも鷗外でもないのだという話は前々から聞いていたが、いざ目の前にしてみると、「まさかこれほどとはねえ…」と思わざるをえなかった。正直に言えば、日本近代文学が今や日本国内の学会の中でしか、その存在を認知されていないような気がして、少しがっかりもした。また、先ほど「痛車」の話を紹介したが、「痛車」どころか台北では萌えキャラをでかでかとペインティングした乗り合いバス、いわば「痛バス」がそこかしこを走っていた。

僕が日本の萌え系アニメについて本格的に考えはじめたのは、これら台湾での体験がきっかけになっている。一応、僕としては大まじめに、グローバルな課題意識の下、現代日本の物語文化について考えてみたつもりである。

それにしても、このような物語が国境を越えてアジアの、あるいは世界の若者たちの間で広い支持を集めているという現象は、何を意味するのであろうか。資本主義経済という世界をスーパー・フラットしていく文明は、そこに棲まう若者たちの心性をも、国籍や人種を越えて均質化していくということなのだろうか。書き終えてみて、あらためて振り返ってみると、「日本のサブカルチャーの国境を越えた拡散」という現象は、なかなか奥の深い問題であるような気がする。また機会があったら、今度は現代日本の物語文化について、このような視点から考えてみたいと思っている。

最後になったが、毎週のしめ切りに追われる中、本書にイラストを寄せてくれた西造さんに心からお礼を申し上げたい。彼女のイラストが、アニメをテーマとしている本書にふさわしい雰囲気をかもしてくれていることにとても感謝しています。ありがとうございました。

二〇一六年八月

野村幸一郎

野村 幸一郎（のむら こういちろう）
1964年三重県伊勢市生まれ，立命館大学大学院文学研究科博士後期課程修了，博士（文学），京都橘大学教授，『小林秀雄　美的モデルネの行方』（和泉書院，2006年），『新版 宮崎駿の地平』（新典社，2018年），『宮崎駿が描いた少女たち』（編著，新典社，2018年）など

新典社新書 69

京アニを読む

2016 年 11 月 10 日　初版発行
2021 年 7 月 7 日　二版発行

著者 ——— 野村幸一郎
発行者 ——— 岡元学実
発行所 ——— 株式会社 新典社
〒101-0051　東京都千代田区神田神保町1-44-11
編集部：03-3233-8052　営業部：03-3233-8051
ＦＡＸ：03-3233-8053　振　替：00170-0-26932
https://shintensha.co.jp/　E-Mail:info@shintensha.co.jp

印刷所 ——— 惠友印刷 株式会社
製本所 ——— 牧製本印刷 株式会社

ISBN 978-4-7879-6169-3　C0276

定価はカバーに表示してあります。
乱丁・落丁本は、お取り替えいたします。小社営業部宛に着払でお送りください。

◆新典社新書◆